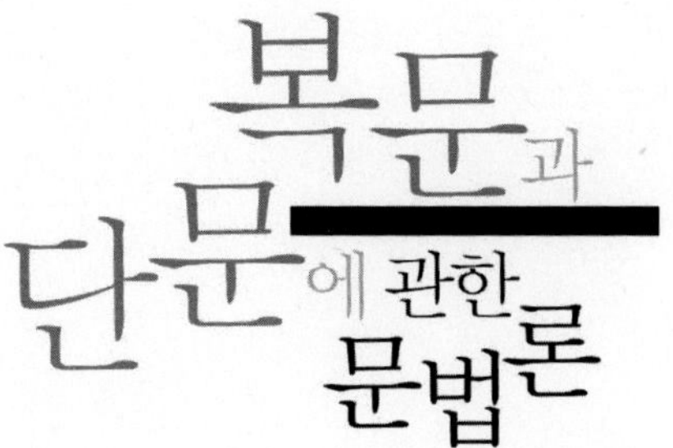

내일을여는지식 어문 33

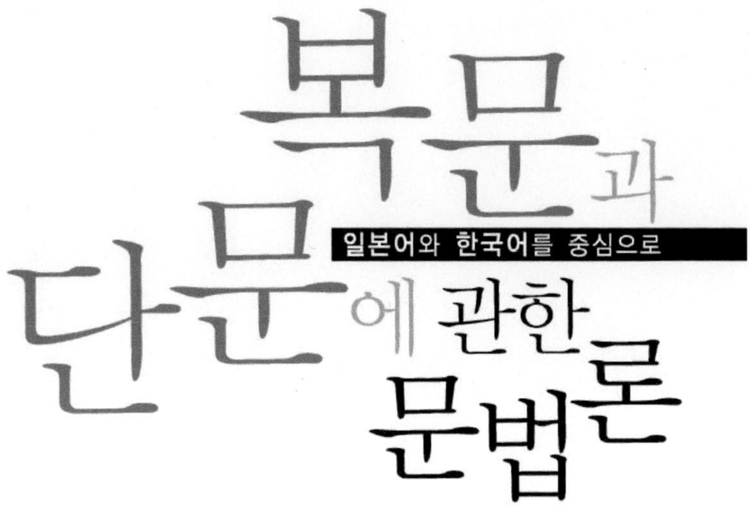

복문과 단문에 관한 문법론

일본어와 한국어를 중심으로

박용일 지음

KSI 한국학술정보㈜

머리말

필자는 우리 인간이 유한에서 무한으로 창조할 수 있는 능력을 갖고 있다는 자명한 사실을 일본어학과 일본어와 한국어의 비교대조를 통해 배웠다.

본서는 필자가 일본에서 2008년 취득한 학위논문의 내용을 간추린 것이므로 일본어로 된 필자의 학위논문을 한국어로 편집한 축소판이라고 할 수 있다. 필자가 학위논문을 한국어로 출간하고자 한 데에는 몇 가지 이유가 있다. 우선 연구의 대상이 일본어뿐만이 아니라 한국어도 함께 포함되어 있다는 사실이다. 두 번째 이유는 논의의 증명과정에서 사용하고 있는 몇몇 현상들이 한국어 연구에도 적용될 수 있는 보편성이 강한 내용이라는 점이다. 세 번째 이유는 아직까지 한국 내의 일본어 연구에서는 찾아보기 어려운, 현재 일본에서 이루어지고 있는 생성문법을 바탕으로 한 일본어 연구의 한 면을 소개하고 싶었기 때문이다.

본서를 정리함에 있어서 특히 주의를 기울인 부분은 일본어 예문들을 한국인 연구자들에게도 이해할 수 있도록 표현하고자 한 부분이며, 논의의 내용에 있어서 경험론적인 자료들을 가능한 한 많이 보이려고 노력한 점이다.

또한 본서는 필자가 학위논문을 취득한 후에 발전시켜 발표한 내용에 대해서는 굳이 첨가하지 않고 학위논문을 제출할 당시의 미숙함을 그대로 보여 주려고 했다. 이는 논의의 미숙한 부분에 있어서 다양한 의견과 질타를 받고자 하는 바람에서이다. 그러므로 본서에서 나타나는 논의의 미숙함에 대한 독자의 의문과 조언을 바라마지 않는다.

본서의 제1장은 논의의 대상이 되는 재구조화 현상에 대한 개념과 왜 이러한 연구를 해야 하는지에 대한 목적과 의의를 언급했다. 제2장에서는 구미 여러 나라에서는 활발히 이루어지고 있는 재구조화 현상이 일본어나 한국어에서는 그리 활발히 이루어지고 있지 않고 있다는 사실을 기존 연구들의 흐름을 통해 살펴보고, 궁극적으로 본서의 논의가 재구조화 현상에 대해서 어떠한 설명을 하게 되는가에 대해 언급했다. 제3장은 재구조화 현상과 관련하여 필자가 2004년 한국 일어일문학회에서 발표 게재한 내용을 수정 보완하여 2005년 일본 칸사이(關西) 언어학회에서 발표 게재한 내용을 정리한 것으로, 일본어의 어스펙트 동사문과 이에 대응하는 한국어의 어스펙트 동사문을 중심으로 재구조화 현상의 유무에 대한 경

험적 자료들과 제약을 제시했다. 제4장은 2005년 한국의 일어일문
학회에서 발표 게재한 내용을 수정 보완하여 정리한 것으로, 일본
어의 보조동사문과 이에 대응하는 한국어의 보조동사문에 나타나
는 재구조화 현상의 경험적 자료들과 제약을 제시했다. 제5장은
2006년 한국의 「한글」학회에서 발표한 내용을 수정 보완하여 정리
한 것으로, 한국어의 「아/어」표시문과 「고」표시문이 보여 주고 있
는 자료를 통해 재구조화 현상의 기술적 타당성과 설명적 타당성
을 시도했다. 제6장은 이제까지의 논의에 대한 정리와 논의의 내용
들이 어떠한 가능성을 시사하고 있는지에 대해서 언급했다.

  또한 본서의 밑그림이 되고 있는 필자의 학위논문의 내용은 일
본의 여러 선생님들로부터 많은 시사를 받은 것이다. 특히 츠쿠바
(筑波) 대학의 타케자와코우이치(竹澤幸一) 선생님, 스기모토타케시
(杉本武) 선생님, 와시오류우이치(鷲尾龍一) 선생님, 오오사카(大阪)
대학의 미하라켄이치(三原健一) 선생님, 케이오대학의 Christopher
Tancredi 선생님, 국립정보학연구소의 카나자와마코토(金澤誠) 선생
님, 츠루미(鶴見) 대학의 미야케토모히로(三宅知宏) 선생님, 코우베
(神戶) 대학의 키시모토히데키(岸本秀樹) 선생님, 칸세이(關西) 대학

의 카게야마타로우(影山太郎) 선생님으로부터는 학위논문을 쓰기 위한 많은 조언과 시사를 받았다. 그럼에도 불구하고 필자의 학위 논문의 미숙함은 본인의 역량부족과 아직까지 성숙되지 못한 연구의 깊이 때문이라고 할 수 있을 것이다.

또한 필자가 학위논문을 끝까지 쓸 수 있도록 정신적으로 항상 버팀목이 되어 주신 모교 한국외국어대학교의 선생님들이 계신다. 대학원 과정에서부터 필자의 지도교수로 계시며, 필자가 어렵고 힘들 때에는 언제나 인자한 모습으로 마음의 힘이 되어 주신 임팔용 선생님, 항상 필자를 자식과도 같은 마음으로 돌보아 주신 한미경 선생님, 언제 어느 때라도 필자를 반갑게 맞이해 주시고 여러 조언을 아끼지 않으신 이인영 선생님, 그리고 일본어학과는 다른 전공임에도 불구하고 늘 사랑으로 지켜봐 주신 최충희 선생님, 최재철 선생님, 김종덕 선생님, 문명재 선생님이 계시지 않았다면, 필자의 학위논문은 일단락 지어지지 않았을 것이다. 또한 언어학이라는 세계를 처음으로 접할 수 있게 해 주시고 지금까지도 필자에게 따뜻한 마음으로 격려해 주시는 이화여자대학교의 송영빈 선생님 또한 필자가 학위논문을 마무리하는 데 큰 힘이 되어 주신 분이시다.

　이 밖에도 학위논문을 써 내려감에 있어서 많은 분들의 도움이 있었음은 말할 나위도 없으며, 여기서 이들 모두에게 일일이 감사의 마음을 전할 수 없음에 양해를 구하고자 한다. 또한 필자의 유학시절을 뒷바라지를 하시느라 지금은 칠순이 넘어 버리신 부모님, 여러모로 부족한 사위를 늘 인자하게 대해 주시는 장인 장모님과, 서로의 학위논문을 연구실에서 밤새워 함께 써 내려가며 필자의 힘이 되어 주었던, 지금은 필자의 아내이자 동료 연구자인 사랑하는 홍영주에게도 이 자리를 빌려 감사의 마음을 전한다.

　마지막으로, 변변치 못한 필자의 학위논문을 한국어로 출판하는 데 흔쾌히 허락해 주신 한국학술정보(주) 관계자 여러분, 특히 본서가 완성되기까지 수고를 마다하지 않으신 권성용, 안선영, 장선희 선생님께 감사드린다.

2009년 9월 박용일

목 차

제1장

서장

1.1. 연구의 목적

재구조화 현상(Restructuring Phenomenon)[1]에 대한 고찰은 주로 구미의 여러 언어들을 중심으로, 일한 양 언어에 이르기까지 다양하게 이루어지고 있다. 재구조화 현상에 대한 많은 연구가 명시적으로 혹은 암묵적으로 인정하고 있는 공통된 사항 가운데 하나는 재구조화 현상은 수의적인 현상이라는 것이다. 이와 같은 주장은 어떤 복문은 어떠한 경우에 있어서, 표면 레벨에서 복문의 모습과 단문의 모습을 동시에 보인다는 사실에 기인한다.

본서에서는 많은 선행연구에서 지적해 오고 있는 재구조화 현상의 수의성에 대한 주장을 받아들이지 않을 것이며,[2] 재구조화 현상의 유무는 초기구조에 있어서 재구조화 현상이 나타날 수 있는 통사구조와 재구조화 현상이 나타날 수 없는 통사구조에 기인한다고 주장할 것이다. 이러한 입장은 Manzini(1983)의 동일 통사레벨에 있어서 복문과 단문이라는 두 개의 어휘투사(lexical projection)가 동시

---

1) 재구조화 현상이란, 내포절이 절로서의 기능을 상실함으로써 원래 복문구조이었던 문이 표면 레벨에 있어서 단문구조로밖에 생각할 수 없는 모습을 보이는 여러 현상들을 말한다. 재구조화 현상에 대한 상세한 개념은 본서 1.2.절에서 명시하고 있다.

2) 필자가 재구조화 현상의 수의성을 받아들이지 않는 이유에 대해서는 본서의 2.3.절에서 문제제기와 함께 명시하고 있다.

에 존재한다는 주장과도 다른 입장이며, 재구조화 현상과 관계하는 동사(이하 재구조화동사)는 초기구조에 있어서 두 개의 복문구조를 투사하고 있다고 주장하는 것이다. 이와 같은 주장이 필자의 궁극적인 목적이지만, 이러한 주장을 펼쳐 나가기 위해서는 먼저(본서에서는 일본어와 한국어라는 두 개의 언어를 중심으로 고찰하고 있으므로) 일한 양 언어에 있어서도 구미의 여러 언어들과 마찬가지로 재구조화 현상이 존재한다는 사실을 경험적으로 명시할 필요가 있다.

일본어에 있어서 재구조화 현상이 관찰된다는 사실은 이미 Miyagawa(1986)에 의해서 지적되고 있으나, Miyagawa가 지적하고 있는 PE(purpose expression)문에 있어서의 재구조화 현상을 제외하고는, 일본어의 다른 어떠한 문에 재구조화 현상이 나타나고 있는지에 대한 관찰은 본격적으로 이루어지고 있지 않다.[3] 또한 한국어의 경우 역시 Choe(1988)에 의해 한국어의 몇몇 보조동사문에 재구조화 현상이 관찰된다는 사실이 지적되고 있으나, 재구조화 현상에 대한 본격적인 논의는 이루어지고 있지 않다고 할 수 있다.[4]

본서에서는 일본어에 있어서, Miyagawa(1986)이 지적한 재구조화 현상이 나타나는 문(PE문) 이외에도, 넓은 범위에 걸쳐 재구조화 현상이 나타난다는 사실을, [V - 어스펙스동사]문, [V - て(te) - 보조동사]문으로부터 경험적으로 명시할 것이며, 동시에 이에 대응하는

---

3) 일본어 연구에 있어서 재구조화 현상에 대한 본격적인 논의(혹은 직접적인 논의)는 없지만, 일본어에도 재구조화 현상을 생각하지 않을 수 없다고 시사하고 있는 연구로는 Muraki(1978), 柴谷(1978), Koizumi(1995), 竹沢(2004) 등을 들 수 있다.

4) Choe(1988)의 연구는 삼투(percolation)라는 이론적 기제를 사용하여 재구조화 현상에 대한 이론적 설명을 시도한 논의라고 할 수 있다.

한국어의 문에서도 재구조화 현상이 나타난다는 사실을 함께 제시
해 나갈 것이다. 또한 이러한 논의의 과정에서, 재구조화 현상에는
「대격」제약, 「＋Neg」제약, 인접성 조건(adjacency condition)5)이 존
재한다는 사실도 함께 제시해 나갈 것이다.

　이상에서 언급한 본서의 목적은 다음과 같은 세 가지 사항을 명
시, 주장하는 것으로 정리할 수 있다.

　Ⅰ. 재구조화 현상은 일한 양 언어의 여러 문에서 경험적으로 관
　　　찰할 수 있다.
　Ⅱ. 재구조화 현상에는 「대격」제약, 「＋Neg」제약, 인접성 조건
　　　이 존재한다.
　Ⅲ. 재구조화 현상의 유무는 초기구조에 있어서, 재구조화 현상
　　　이 나타날 수 있는 통사구조와 재구조화 현상이 나타날 수
　　　없는 통사구조에 기인한다.

　Ⅰ에 대해서는 일한 양 언어의 어스펙스문(주로 일본어의 「V－
始める(hazimeru)」문과 한국어의 「V－시작하다」문)과 보조동사문
(주로 일본어의 「V－て(te)－보조동사」문과 한국어의 「V－아/어－
보조동사」문)을 중심으로, 수동화(passive) 현상, 존경어법(honorification)
현상, NPI(negative polarity items)와 Neg(negation)의 분포 현상, 부
정사(Neg)의 생기 현상, 일본어의 「dake」와 Neg의 스코프(scope) 현

---

5) 일본어의 재구조화 현상과 인접성 조건에 대해서는 Miyagawa(1986)의 PE(purpose
　express) 구문에서 지적되어 온 것이다. 그러므로 본서에서 명시하고 있는 재구조화 현상과
　인접성 조건은 정확히 말하자면, 인접성 조건이 재구조화 현상이 나타나고 있는 PE문 이외의
　여러 문에서도 적용되고 있음을 경험적으로 보여 주는 작업이라고 할 수 있다.

상, 「만」과 Neg의 스코프 현상을 이용하여, 일한 양 언어에 있어서 재구조화 현상이 나타난다는 사실을 경험적으로 증명할 것이다.

Ⅱ에 대해서는 Ⅰ에서 명시한 경험적 사실을 바탕으로 재구조화 현상에는 「대격」제약, 「＋Neg」제약, 인접성 조건이 존재하고 있다는 사실을 제시할 것이다.

Ⅲ에 대해서는 한국어의 「아/어」표시문(「V－아/어－보조동사」문)과 「고」표시문(「V－고－보조동사」문)을 비교, 고찰하여 표면 레벨에 있어서 「아/어」표시문은 단문의 모습을 보이고, 「고」표시문은 복문의 모습을 보인다는 사실을 밝히고, 이와 같은 대비를 근거로 재구조화 현상의 유무는 재구조화 현상이 나타날 수 있는 초기구조와 재구조화 현상이 나타날 수 없는 초기구조에 의해 설명할 수 있음을 제안할 것이다.

1.2. 재구조화 현상이란

본 절에서는 본서에서 언급하고 있는 재구조화 현상의 개념을 명확히 하기 위해서, 일한 양 언어에 나타나는 일부 재구조화 현상을 예시하면서 재구조화 현상에 대한 개념을 명시할 것이다.

재구조화 현상의 개념을 한마디로 말하면, 초기구조에 있어서는 복문이었던 문이 표면 레벨에 있어서는 단문과 같은 통사적 모습을 보이는 제반 현상이라고 할 수 있다(cf.Aissen & Perlmutter(1976), Rizzi(1976/1978/1982), Burzio(1986), Miyagawa(1986), Choe(1988),

Cinque(2000), Wurmbarand(2001/2004), 등).

여기서 명시해야만 할 사항은 「초기구조에 있어서는 복문이었던 문이, 표면 레벨에 있어서는 단문과 같은 통사적 모습을 보이는 제반 현상」이라는 말이 어떠한 현상을 가리키고 있는가이다.

자연언어에서는 일반적으로 하나의 절(phrase) 안에서 일어나는 문법 조작은 그 국소성(locality)[6]을 반드시 지켜야만 한다는 제약이 존재한다. 예를 들어 부정사(Neg)와 NPI(negative polarity items)는 반드시 동일절 내 제약(clause-mate constraint)을 지켜야만 한다는 것이 그것이다 (cf.Kato(1985), Choe(1988), 시정곤(1997a/1997b), Kuno(1995/2004) 등).

(1) a. 車 - が 壊れ - た。

　　차 - Nom 고장 나 - Past

　　"차가 고장 났다"

　　b. 何も 壊れ - な - かっ - た。

　　<u>NPI</u> 고장 나 - <u>Neg</u> - kat - Past

　　"아무것도 고장 나지 않았다"

(2) a. 太郎 - は [s 車 - が 壊れ - た] - と 聞い - た。

　　타로우 - Top 차 - Nom 고장 나 - Past - Cp 듣 - Past

　　"타로우는 차가 고장 났다고 들었다"

---

6) 국소성이라는 개념은 통사상의 파생과정이나 상호 관련하고 있는 요소 간의 거리적 제약으로서 정의할 수 있다. 예를 들어 Chomsky(1981)은 관련하고 있는 두 개의 통사상의 요소는 상호 가까운 거리에 위치해야만 한다는 국소성 조건(locality condition)을 지적하고 있다. 본서에서도 이와 같은 가설을 받아들여, 국소적인 영역(domain)을 하나의 절로서 규정해 둘 것이다. 그러므로 본서에서 언급하고 있는 단문은 하나의 절을 의미하고 있으며, 복문이란 두 개의 절로 만들어져 있는 문을 의미하고 있다.

b. 太郎 － は [s 何も － 壊れ － な － かっ － た] － と 聞いた

　　타로우 － Top <u>NPI</u> － 고장 나 － <u>Neg</u> － kat － Past － Cp 듣 － Past

　　"타로우는 아무것도 고장 나지 않았다고 들었다"

c. *<u>誰も</u> [s 車 － が 壊れ － な － かっ － た] － と 聞い － た。

　　<u>NPI</u> 차 － Nom 고장 나 － <u>Neg</u> － kat － Past － Cp 듣 － Past

　　"아무도 차가 고장 나지 않았다고 들었다"

d. *太郎 － は [s 何も － 壊れ － た] － と 聞か － な － かっ － た。

　　타로우 － Top <u>NPI</u> － 고장 나 － Past － Cp 듣 － <u>Neg</u> － kat － Past

　　"타로우는 아무것도 고장 났다고 듣지 않았다"

　(1a)에 대한 (1b)와, (2a)에 대한 (2b)는 NPI(「何も(nanimo)」)와 Neg(「な(na)」)가 같은 절 안에서 나타나고 있기 때문에 적격문이라고 설명할 수 있다.[7] 또한, (2a)에 대한 (2c)와 (2d)의 부적격성은 NPI(「誰も(daremo)」, 「何も(nanimo)」)와 Neg(「な(na)」)가 각각 서로 다른 절에서 나타나기 때문이라고 설명할 수 있다. 이와 같이 NPI와 Neg 사이에는 양자가 같은 절 안에서 나타나야만 한다는 동일절 내 제약(clause － mate constraint)이 존재한다.

　각주 6)에서도 언급했듯이, 하나의 절이 국소적인 영역이라고 한다면, (1), (2)가 보여 주고 있는 NPI와 Neg의 동일절 내 제약은 국소적인 영역(하나의 절)에서 일어나는 문법현상이라고 할 수 있다.

　NPI와 Neg가 나타나는 이러한 국소성은 존경어형과 이와 관련

---

7) 본서에서 다루고 있는 일본어 예문의 판단은 일본어를 모국어로 하는 언어학 지식이 없는 50명 전후의 대학교 학부생과, 언어학 지식이 있는 4～5명의 대학원생, 2～3명의 언어학 관련 선생님의 직관을 토대로 하고 있다. 예문에 따라서는 일본어 화자의 판단이 흐려지는 경우도 있었으나, 왜 이러한 불명확한 판단이 나타나는지에 대해서는 본서에서는 다루지 못하였다.

한 주어의 위치관계로부터도 추측할 수 있다.

(3) a. 田中先生 – が チョムスキー – を 讀ん – だ。

　　타나카 선생님 – Nom 촘스키 – Acc 읽 – Past

　　"타나카 선생님이 촘스키를 읽었다"

　 b. 田中先生 – が チョムスキー – を お – 讀み – になっ – た。

　　타나카 선생님 – Nom 촘스키 – Acc o – 읽 – H – Past

　　"타나카 선생님이 촘스키를 읽으시었다"

(4) a. 太郎 – は [s 田中先生 – が チョムキー – を 讀ん – だ] –
　　と 聞い – た。

　　타로우 – Top 타나카 선생님 – Nom 촘스키 – Acc 읽 – Past
　　 – Cp 듣 – Past

　　"타로우는 타나카 선생님이 촘스키를 읽었다고 들었다"

　 b. 太郎 – は [s 田中先生 – が チョムスキー – を お – 讀み –
　　になっ – た] – と 聞い – た。

　　타로우 – Top 타나카 선생님 – Nom 촘스키 – Acc o – 읽 –
　　H – Past – Cp 듣 – Past

　　"타로우는 타나카 선생님이 촘스키를 읽으셨다고 들었다"

　 c. *太郎 – は [s 田中先生 – が チョムスキー – を 讀ん – だ] –
　　と お – 聞き – になっ – た。

　　타로우 – Top 타나카 선생님 – Nom 촘스키 – Acc 읽 – Past
　　 – Cp o – 듣 – H – Past

　　"타로우는 타나카 선생님이 촘스키를 읽었다고 들으셨다"

d. *<u>田中先生</u> - は [s 太郎 - が チョムスキー - を <u>お - 讀み</u>
<u>- になっ</u> - た] - と 聞い - た。

<u>타나카 선생님</u> - Top 타로우 - Nom 촘스키 - Acc <u>o - 읽 -</u>
<u>H</u> - Past - Cp 듣 - Past

"타나카 선생님은 타로우가 촘스키를 읽으셨다고 들었다"

e. 田中先生 - は [s 太郎 - が チョムスキー - を 讀ん - だ] -
と <u>お - 聞き - になっ</u> - た。

<u>타나카 선생님</u> - Top 타로우 - Nom 촘스키 - Acc 읽 - Past -
Cp <u>o - 듣 - H</u> - Past

"타나카 선생님은 타로우가 촘스키를 읽었다고 들으셨다"

(3a)에 대한 (3b)의 적격성과 (4a)에 대한 (4b)와 (4e)의 적격성은
주어인 「田中先生(타나카 선생님)」과 이와 일치(agree)하는 존경어
형인 「お〜になる(o〜ninaru)」가 상호 국소적인 영역(하나의 절) 안
에서 나타나기 때문이라고 설명할 수 있다. 한편, (4a)에 대한 (4c)
와 (4d)의 부적격성은 존경어형인 「お〜になる(o〜ninaru)」와 이와
일치하는 주어 「田中先生(타나카 선생님)」가 서로 국소적인 영역
안에서 나타나고 있지 않기 때문이라고 설명할 수 있다.[8]

이상에서 지적한 「NPI - Neg」의 동일절 내 제약((1), (2))과 「주
어 - 존경어형」의 일치현상((3), (4))에서 주목해야 할 점은 자연언어
에는 국소성이라는 보편적 제약이 존재하고 있다는 사실과, 복문에

---

8) 이와 같이 존경어형과 이와 일치하는 주어 사이에는 국소성이라는 제약이 있으며, 이 외에도
   존경어형과 일치하는 주어의 대상이 존경할 만한 사람이어야 한다는 의미적 제약도 존재한다.
   본서에서는 생성문법에서의 생각을 따라, 존경어형과 주어 관계를 「Spec - Head」의 일치관
   계로 보고 있다. 존경어법에 대한 자세한 설명은 본서의 3장에서 다루고 있다.

서의 내포절은 국소적인 영역(하나의 절)으로서 생각할 수 있다는 사실이다.9)

그러나 자연언어에서 관찰되는 재미있는 현상 가운데 하나는 (1)~(4)에서 살펴본 국소성이라는 보편적인 제약이 지켜지지 않는 것처럼 보이는 제반 현상들을 관찰할 수 있다는 사실이다. 실제로 「NPI－Neg」의 동일절 내 제약과 「주어－존경어형」의 일치현상에서 보여준 국소성은 일본어의 「V－始める(hazimeru)」문에서는 반드시 지켜지고 있지 않는 모습을 보인다.

(5) a. 太郎－が ハンマーで 車－を 壊し－始め－た。

　　　타로우－Nom 망치로 차－Acc 부수－hazime－Past

　　　"타로우가 망치로 차를 부수기 시작했다"

　　b. 太郎i－が[s ハンマーで PROi 車－を 壊し]－始め－た。

　　　타로우i－Nom 망치로 PROi 차－Acc 부수－hazime－Past

　　c. 太郎－が [s ハンマーで 何も 壊し]－始め－な－かっ－た。

　　　타로우－Nom 망치로 NPI 부수－hazime－Neg－kat－Past

　　　"타로우가 망치로 아무것도 부수기 시작하지 않았다"

(6) a. 田中先生－が チョムスキー－を 讀み－始め－た。

　　　타나카 선생님－Nom 촘스키－Acc 읽－hazime－Past

　　　"타나카 선생님이 촘스키를 읽기 시작했다"

　　b. 田中先生i－が [s PROi チョムスキー－を 讀み]－始め－た。

---

9) 각주 6)에서도 언급했듯이, 하나의 절이란 단문을 의미한다. 본서에서는 단문과 복문의 정의를 잠정적으로 다음과 같이 규정해 놓을 것이다.
　（ⅰ）단문이란 하나의 술어를 갖는 문이며, 복문이란 두 개 이상의 술어를 갖는 문이다.

타나카 선생님i – Nom PROi 촘스키 – Acc 읽 – hazime – Past

c. 田中先生 – が [s チョムスキー – を お – 讀み] – 始め – に
　 なっ – た。

타나카 선생님 – Nom 촘스키 – Acc o – 읽 – hazime – H – Past

"타나카 선생님이 촘스키를 읽기 시작하셨다"

(5b)와 (6b)는 각각 (5a)와 (6a)의 통사구조를 보여 주고 있다.

여기서 유의해야 할 점은 (5c)는 NPI인 「何も(nanimo)」와 부정사 「な(na)」가 같은 절 안에서 나타나고 있지 않음에도 불구하고 적격문이라는 사실이다. 또한 (6c)의 경우도 존경어형인 「お～になる(o～ninaru)」가 내포동사인 「讀(읽)」을 포함하면서 주절의 주어인 「田中先生(타나카 선생님)」와 일치관계를 갖고 있음에도 불구하고 적격문으로 나타나고 있다.

(5c)와 (6c)가 보여 주고 있는 이와 같은 사실은 자연언어에는 원래부터 위에서 언급한 국소적인 제약이 없다는 가능성과, 일본어의 「V – 始める(hazimeru)」문에서는 어떠한 이유로 인해 (5c), (6c)와 같은 국소성을 위반하고 있는 것같이 보이는 현상이 나타난다는 가능성을 갖게 한다. 그러나 전자의 가능성에 대해서는 이미 많은 여러 언어들의 제반 현상을 통해 경험적인 증거가 제시되고 있으므로, (5c)는 NPI와 「V – 始め(hazime) – な」의 「な(Neg)」는 같은 절 안에서 나타나고 있기 때문에 적격문이고, (6c)는 주어 「田中先生(타나카 선생님)」과 「o – 讀(읽) – hazime – H」가 동일절 안에서 일치관계를 맺고 있기 때문에 적격문이라고 생각할 수밖에 없다. 문제는 (5c)와 (6c)의 각각의 구조가 (5b)와 (6b)에서 보여 준 것과 같

은 복문구조라는 사실이다.

그러므로 (5c), (6c)와 같은 현상은 (5a), (6a)의 초기구조인 (5b), (6b)와 같은 복문구조가 일정한 파생과정을 거쳐, 표면 레벨에서는 각각 (7a), (7b)와 (8a), (8b)와 같은 단문화된 구조라고 생각할 수 있다.

(7) a. [s [太郎 – が] [ハンマーで] [車 – を] [壞し – 始め – た]]
　　　　타로우 – Nom 망치로 차 – Acc 부수 – hazime – Past
　　　　"타로우가 망치로 자동차를 부수기 시작했다"

　　 b. [s [太郎 – が] [ハンマーで] [何も] [壞し – 始め – な – かっ – た]]
　　　　타로우 – Nom 망치로 NPI 부수 – hazime – Neg – kat – Past
　　　　"타로우가 망치로 아무것도 부수기 시작하지 않았다"

(8) a. [s [田中先生 – が] [チョムスキー – を] [讀み – 始め – た]]
　　　　타나카 선생님 – Nom 촘스키 – Acc 읽 – hazime – Past
　　　　"타나카 선생님이 촘스키를 읽기 시작했다"

　　 b. [s [田中先生 – が] [チョムスキー – を] [お – 讀み – 始め – になっ – た]]
　　　　타나카 선생님 – Nom 촘스키 – Acc o – V – hazime – H – Past
　　　　"타나카 선생님이 촘스키를 읽으시기 시작했다"

이와 같이 초기구조에 있어서는 복문이었던 문이 표면 레벨에 이르는 파생과정에서, 내포절의 절 경계(clause boundary)가 그 기능을 상실하여 표면 레벨에서는 단문구조로서의 특징을 보이는 경우,

우리는 이를 「초기구조에 있어서는 복문이었던 문이, 표면 레벨에 있어서는 단문과 같은 통사적 모습을 보이는 제반 현상」이라고 생각할 수 있으며,[10] 이와 같은 현상을 재구조화 현상이라고 부를 수 있다.

이상에서 보아 온 일본어에서의 재구조화 현상은 한국어에서도 관찰할 수 있다. 예를 들어 한국어의 「V – 시작하다」문에 나타나는 NPI와 Neg의 일치관계는 (9c)와 (9d)와 같은 대비를 보여 준다.

(9) a. 철수가 물을 마시기 시작했다.

b. [s 철수i가 [s PROi 물을 마시]기 시작했다]

c. 철수가 <u>아무것도</u> 마시지 <u>않</u>기 시작했다.

d. 철수가 <u>아무것도</u> 마시기 시작하지 <u>않</u>았다.

(9b)는 (9a)의 통사구조를 보여 주고 있다.

상술한 「NPI – Neg」의 동일절 내 제약을 고려하면, (9c)가 보여 주고 있는 NPI인 「아무것도」와 Neg인 「안」이 나타나고 있는 위치는 (9b)의 복문구조로부터 예측할 수 있다. 한편, (9d)가 보여 주고 있는 NPI 「아무것도」와 Neg 「안」이 나타나는 위치는 「NPI – Neg」의 동일절 내 제약과 (9b)의 복문구조로부터 부적격문이라고 예측되지만, (9d)는 적격문으로 나타난다.

---

10) Rizzi(1976/1978/1982), Miyagawa(1986), Choe(1988) 등에서는 복문에서 단문으로의 파생과정에 대해서, 재구조화 규칙(Restructuring Rule: RR)이 적용되는 과정이라고 하고 있다. 그러나 본서의 제2장에서 지적하고 있듯이, 이러한 재구조화 규칙을 받아들일 수 없는 최근 언어학의 이론적인 문제가 있다. 그러므로 재구조화 현상에 있어서 재구조화 규칙이 존재한다는 전제는 본서에서는 받아들이지 않고 있다. 지금까지 언급한 바와 같이, 재구조화 현상이라는 것은 내포절이 절로서의 기능을 상실한 것같이 보이는 표면적인 제반 현상을 말하며, 본서에서는 이러한 현상에 대한 하나의 명칭으로서 재구조화 현상이라는 용어를 사용하고 있다.

 단문과 복문에 관한 문법론

그러므로 (9d)가 보여 주고 있는 사실은 (9d)가 (9b)와 같은 초기의 복문구조에서 어떠한 파생과정을 거쳐 단문화되어, 표면 레벨에 있어서는 (10)과 같은 단문구조로서의 모습을 보인다고 생각할 수 있다.

(10) [s [철수가] [아무것도] [마시기 시작하지 않았다]]

본 절에서는 일본어와 한국어에 한정하여 재구조화 현상에 대한 간단한 일례를 들었으나, 재구조화 현상은 자연언어에서 일반적으로 관찰할 수 있는 보편적인 현상이라는 사실이 많은 선행연구로부터 지적되고 있다.[11]

이상, 일한 양 언어에 나타나는 일부 현상을 통해 재구조화 현상의 개념을 명시했다. 다시 한 번 언급해 두겠으나, 재구조화 현상이란 요소와 요소 간의 형태적인 결합에 관한 문제가 아니라, 어디까지나 초기구조에서 복문이었던 문의 내포절이 절로서의 기능을 상실하여, 표면 레벨에서는 단문화되었다고 생각할 수밖에 없는 통사적인 제반 현상을 말한다.

1.3. 본서의 구성

본서의 내용은 다음과 같은 각 장의 수순을 밟아 이루어져 있다.

---

11) 재구조화 현상이 자연언어에서 일반적으로 나타나는 현상임을 증명하고 있는 경험적 사실에 대해서는 본서의 제2장인 선행연구에서 상세히 지적하고 있다.

제2장: 선행연구와 제안

제3장: 재구조화 현상과 어스펙트동사문

제4장: 재구조화 현상과 「V－て(te)－보조동사」문, 「V－아/어－보
　　　조동사」문

제5장: 재구조화 현상의 유무와 통사구조

제6장: 종장

각 장은 다음과 같이 간략히 요약할 수 있다.

제2장 선행연구와 제안

지금까지 재구조화 현상이 어떠한 입장에서 어떻게 연구되어 왔는지, 또 이들 연구 가운데 어떠한 문제들이 나타났는지를 개관하면서, 본서에서는 재구조화 현상을 설명하기 위하여 어떠한 분석을 시도하고 있는지를 명시한다.

2.1.에서는 구미 여러 언어에 있어서 활발히 이루어져 오고 있는 재구조화 현상에 대한 제반 연구들이 어떠한 흐름 속에서 연구되어 왔는가를, 초기 생성문법의 틀 속에서 재구조화 현상을 본격적으로 고찰한 Rizzi(1978/1982)를 출발점으로 하여, 이론적 변천으로 인하여 지적되어 온 Rizzi의 문제점과, 이러한 문제점을 극복하려 한 Burzio(1986)를 개관한다. 그리고 재구조화 현상을 직접적으로 논의한 연구는 아니지만, 재구조화 현상을 논의함에 있어서 이전까지의 이론적인 문제점을 해결할 수 있는 Baker(1988)의 편입(incorporation)이라는 조작과 GTC(government transparency corollary)의 개념을 개략하고, 나아가 계속적인 이론적 변천에 따라 지금까지 추진되어

오고 있는 MP(minimalist program)의 틀 속에서 재구조화 현상을 다룬 Wurmbrand(2001)을 개관한다.

2.2.에서는 일한 양 언어의 재구조화 현상에 대한 선행연구의 흐름을 살펴본다. 특히, 일본어에 있어서도 구미 여러 언어들과 같은 재구조화 현상이 관찰된다는 사실을 지적한 선국적인 연구인 Miyagawa(1986)를 중심으로, 양 언어에 있어서의 연구의 흐름을 살펴본다.

2.3.절에서는 재구조화 현상은 수의적이라는 많은 선행연구의 지적에 대해서, 그 문제점을 지적하고 재구조화 현상의 유무는 초기 구조에서 재구조화 현상이 나타나는 통사구조와 재구조화 현상이 나타나지 못하는 통사구조에 기인한다는 사실을 제안한다.

제3장 재구조화 현상과 어스펙트동사문

일한 양 언어의 「V - 어스펙트동사」문에서도 재구조화 현상이 관찰된다는 경험적인 사실을 제시함과 동시에, 내포절이 대격에 의해 표시될 경우에는 재구조화 현상이 이 대격에 의해 차단된다는 「대격」제약을 제시한다.

구체적으로는 우선 하나의 형식으로 나타나는 일본어의 「V - 始める(hazimeru)」문에 대응하는 한국어형은 「V - 기 - 시작하다」문과 「V - 기 - 를 - 시작하다」문과 같이 두 개의 형식으로 나타난다는 사실을 제시하고, 두 형식으로 나타나는 「V - 기 - 시작하다」문과 「V - 기 - 를 - 시작하다」문은 때를 나타내는 부사의 개입 여부로부터 두 구문은 서로 다른 통사구조를 갖는 문임을 명시한다. 그리고 재구조화 현상의 유무에 대해서, 하나의 표면형으로 나타나고 있는 일본어의 「V - 始める(hazimeru)」문에는 재구조화 현상이 나타나는 경우와 나타나지 않는 경우가 있다는 사실을 관찰하는 한편, 두 개의 표면형으로 나타나는 한국어의 「V-시작하다」문의 경우는 「V-기-시작하다」문에는 재구조화 현상이 나타나지만, 대격이 나타나는 「V-기-를-시작하다」문에는 재구조화 현상이 나타나지 않는다는 사실을 NPI와 Neg의 분포 현상 등과 같은 몇몇 현상으로부터 명시할 것이다. 이와 같은 의미에서, 일본어의 「V-始める(hazimeru)」문은 재구조화 현상이 나타나는 한국어의 「V-기-시작하다」문과 재구조화 현상이 나타나지 않는 「V-기-를-시작하다」문에 대해서 일대일의 대응관계가 있음을 명시하게 된다. 또한 NPI와 Neg의 분포 현상, 「だけ(dake)/만」과 Neg의 스코프 현상에 있어서, 한국어의 「V-기-시작하다」문과 「V-기-를-시작하다」문이 보여 주는 대비로부터, 내포절이 대격으로 표시될 경우 그 복문에는 재구조화 현상이 나타나지 않는다는 「대격」제약을 제시한다.

제4장 재구조화 현상과 「V-て(te)-보조동사」문, 「V-아/어-보조동사」문

일본어의 「V-て(te)-보조동사」문과 이와 대응하는 한국어의 「V-어/아-보조동사」문에도 재구조화 현상이 경험적으로 관찰된다는 사실을 명시함과 동시에, 내포절에 부정사(Neg)가 나타나면 재구조화 현상이 나타나지 않는다는 [+Neg]제약을 제시한다. 특히, 일본어의 「V-て(te)-みる(miru)」문과 이와 대응하는 한국어의 「V-아/어-보다」문을 중심으로, 일본어의 「V-て(te)-보조동사」문과 한국어의 「V-어/아-보조동사」문에 재구조화 현상이 나타나는 사실을 명시한다.

여기서 제시하고 있는 일본어의 「V－て(te)－보조동사」문은 寺村(1984)가 2차적 어스펙트 형식이라고 부르고 있는 문들이며, 이 가운데에서 소위 말하는 「やりもらい(수수)」표현과 존재동사문 중 하나인 「V－て(te)－ある」문은 보조동사의 어휘적 특수성으로 인하여 배제시켰다.12)

제5장 재구조화 현상의 유무와 통사구조

한국어의 「V－아/어－보조동사」문(「아/어」표시문)과 「V－고－보조동사」문(「고」표시문)이 보여 주고 있는 단문현상과 복문현상의 대비를 근거로, 재구조화 현상의 유무는 재구조화 현상이 나타날 수 있는 「아/어」표시문의 통사구조와, 재구조화 현상이 나타날 수 없는 「고」표시문의 통사구조에 의해 설명할 수 있음을 제안한다. 또한, 논의의 과정에서 재구조화 현상이 나타나기 위해서는 인접성(adjacency) 조건을 엄수해야만 한다는 Miyagawa(1986)의 주장이, 재구조화 현상이 나타나고 있는 한국어의 「아/어」표시문에서도 적용된다는 사실을 명시하며, 한국어의 PE문에도 재구조화 현상이 나타난다는 사실을 관찰한다.

구체적으로는 먼저 한국어의 「V－아/어－버리다」문과 「V－고－말다」문이 보여 주는 몇몇 통사현상을 관찰하여, 「V－아/어－보조동사」문에는 재구조화 현상이 나타나지만, 「V－고－보조동사」문에는 재구조화 현상이 나타나지 않는다는 사실을 명시한다. 「V－아/어－버리다」문과 「V－고－말다」문이 보여 주는 이와 같은 대비로

---

12) 예를 들어, 「ある(있다)」의 부정형은 「あ－ない(Neg)」와 같은 형태가 아닌, 어휘 그 자체를 「ない(nai)」라는 다른 형태로 바꿔야만 하는 문제가 있다.

부터, 한국어에는 「V－아/어－버리다」문의 「아/어」표시는 절 경계를 이루지 못하며, 「V－고－말다」문의 「고」표시는 절 경계를 이루는 역할을 한다는 일반화를 제시한다. 이를 바탕으로 「아/어」표시문과 「고」표시문이 보여 주고 있는 재구조화 현상의 유무는 초기구조에 있어서 재구조화 현상이 나타나는 「아/어」표시문과 같은 통사구조와, 재구조화 현상이 나타날 수 없는 「고」표시문과 같은 통사구조에 기인한다고 제안한다.

이와 같은 주장은 「V－아/어－버리다」문, 「V－고－말다」문 양쪽 모두에 대응하여 나타나는 일본어의 「V－て(te)－しまう(simau)」문에는 재구조화 현상이 나타나는 경우와 나타나지 않는 경우가 있다는 사실로부터, 하나의 형식으로 나타나는 일본어에 있어서도, 재구조화 현상의 유무와 관련한 두 개의 통사구조가 존재한다는 가능성을 보여 준다.

제6장 종장
본서의 정리와 금후의 과제를 언급한다.

제2장

선행연구와 제안

생성문법이라는 연구방법이 추구하고 있는 똑같은 목표를 공유
하면서도 재구조화 현상(Restructuring Phenomenon)에 대한 접근 방
법은 분석 방법이나 이론적인 변천에 의해 그 입장이 달라질 수 있
다. 예를 들어 관계문법(Relational Grammar)의 입장에서는 재구조
화 현상을 절 축약(clause reduction) 혹은 절 통합(clause union)이라
는 보편적인 현상으로 다룰 수 있다(cf.Aissen & Perlmutter(1976)).
한편, 순차적인 파생과정을 가정하는 입장에서는 이론적인 변천에
따라서 재구조화 현상의 분석은 달라진다. 예를 들어, 변형규칙을
인적하고 있는 표준이론(Standard Theory)에서는 동사의 상승(rasing)
과 S 절점(node)의 삭제(pruning) 규칙이 작용하여 재구조화 현상이
나타난다고 분석할 수 있으며, 모듈적인 제반 원리를 토대로 하는
GB(Government & Binding) 이론과 병합(merge)이라는 규칙을 토
대로 하는 MP(Minimalist Program)에서는 초기구조를 유지하면서
핵 이동(head movement)에 의해 재구조화 현상을 설명할 수 있다.[13]

재구조화 현상에 대한 고찰은 스페인어(cf.Aissen & Perlmutter(1976),
Goodall(1987)), 이태리어(cf.Rizzi(1976/1978/1982), Burzio(1986)), 프
랑스어(cf.Goodall(1987)), 독일어(cf.Wurmbrand(2001/2004)) 등, 주로

---

13) 본서의 연구 역시 순차적인 파생과정에 의해 문이 만들어진다는 가정을 받아들이는 입장이
    다. 특히, GB 이후의 방법론을 전제로 삼고 있다.

구미 여러 언어들을 중심으로 활발히 이루어지고 있으며, 일본어나 한국어와 같은 언어에서는 그렇게 활발히 이루어지고 있지 않다. 일본어에 있어서는 Miyagawa(1986)를 재구조화 현상에 대한 선구적인 고찰로 들 수 있을 뿐, 이후 재구조화 현상에 대한 적극적인 고찰은 거의 찾아볼 수 없다. 한국어 연구에 있어서도 재구조화 현상에 대한 연구는 그리 활발히 이루어지고 있지 않지만, 근년 재구조화 현상에 대한 관심은 높아지고 있는 것만은 사실인 것 같다(cf. 서승현(2002), 양정석(1991/2005) 등). 다만 재구조화 현상이라는 개념이 종래의 개념과는 조금 다른 모습으로 연구가 이루어지고 있는 경향이 있다. 예를 들어 「NP – 구조격 – VP」의 연쇄에 있어서, 재구조화 현상이 나타난다는 주장을 접할 수 있는데, 이는 구조격이라는 문법요소에 대한 개념이 생성문법에서 일컬어지고 있는 종래의 개념에 따르고 있지 않기 때문에 성립할 수 있는 논의라고 생각된다.

이하, 본 장의 2.1.절에서는 지금까지 생성문법이라는 이론적 틀 속에서 재구조화 현상이 어떻게 연구되어 왔는가를 구미 여러 언어를 중심으로 개관할 것이다.

2.2.절에서는 재구조화 현상에 대한 본격적인 연구는 그리 많지 않지만, 그 속에서도 일본어에도 재구조화 현상이 관찰된다는 사실을 처음으로 명시한 Miyagawa(1986)을 중심으로, 일한 양 언어에 있어서의 재구조화 현상과 관련한 연구들의 흐름을 개략할 것이다.[14]

2.3.절에서는 본서에서 재구조화 현상을 어떻게 다룰 것인지를

---

14) 재구조화 현상과 관련해 한국어에서는 Choe(1988)의 연구가 있다. Choe는 재구조화 현상을 설명하기 위해 삼투(percolation)라는 이론적 개념을 제안하고 있다. 본서에서는 논의의 편의상 Choe에 대한 더 이상의 언급은 하지 않을 것이다.

언급할 것이다. 많은 선행연구들이 재구조화 현상을 수의적인 현상으로서 다루고 있지만, 본서에서는 재구조화 현상의 유무는 초기구조에서의 재구조화가 가능한 통사구조와 재구조화가 불가능한 통사구조에 기인한다고 제안할 것이다.

2.1. 선행연구의 흐름

본 절에서는 초기 생성문법의 틀 속에서 본격적으로 재구조화 현상을 다룬 대표적인 고찰인 Rizzi(1978/1982)를 출발점으로 하여, 재구조화 현상에 관한 연구가 생성문법의 변천과 더불어 어떻게 바뀌어 왔는가를 간략히 개관할 것이다. 물론 Rizzi(1976/1978/1982) 이전에도 재구조화 현상에 대한 연구는 이루어지고 있다.

예를 들어 Bech(1955)는 「restructuring」이라는 술어를 사용하고 있지는 않지만 「coherent」라는 술어를 사용하여 재구조화 현상이 독일어에 있어서 관찰된다는 사실을 지적하고 있다. Bech는 독일어의 부정사절에는 절로서 기능하지 못하는 경우가 있음을 관찰하고, 절로서 기능하고 있는 경우의 부정사절을 「coherent infinitives」라고 부르고, 절로서 기능하지 못하는 경우의 부정사절을 「incoherent infinitives」라고 부르고 있다. 이와 같은 Bech의 연구는 독일어의 경우 서로 다른 통사 조작을 보이는 두 종류의 부정사절이 존재한다는 사실을 처음으로 관찰한 연구로서 평가 할 수 있다. 또한 표준이론이라는 틀 속에서 재구조화 현상을 설명하려고 한 Evers(1975)

의 연구도 주목할 필요가 있다. Evers는 독일어와 네덜란드어에서 동사 간의 어순 뒤바뀜 현상을 관찰하고, 이는 재구조화에 의한 것임을 주장하였다. 이와 같은 주장을 위해 동사 상승이라는 조작이 일어나고, 이때 삭제(pruning) 규칙이 적용되어 지정어가 없어진 부정사의 S 절점(S – node)이 사라진다고 하고 있다. 이와 같은 Evers의 연구는 독일어와 네덜란드어에 나타나는 재구조화 현상에 대해서 처음으로 생성문법의 틀 속에서 설명하려고 한 연구로 평가받고 있다.

이상과 같이, 재구조화 현상에 대한 고찰은 Bech(1955)나 Evers(1975) 등과 같이 Rizzi(1976/1978/1982) 이전에도 이루어지고 있다.

2.1.1. Rizzi(1978/1982)

Rizzi(1978/1982)는 이태리어를 통해 초기 생성문법의 틀 속에서 재구조화 현상을 본격적으로 다룬 대표적인 연구라고 할 수 있다. Rizzi가 이태리어에서 주목한 재구조화 현상의 대표적인 현상 가운데 하나는 (1)과 같은 접어 상승(clitic climbing)이라고 불리는 현상이다.

(1) a. Piero verrà a parlarti di parapsicologia.

   "Piero will come to speak to you about parapsychology"

   b. Piero ti verrà a parlae di parapsicologia.

   c. Piero deciderà di parlarti di parapsicologia.

"Piero will decide to speak to you about parapsychology"

d. *Piero t̲i̲ deciderà di parlare di parapsicologia.

(1a)에 대한 (1b)의 적격성은 이태리어에서 「verrà」와 같은 동사 문에서는 무 악센트 대명사인 「ti」가 보문동사인 「parlar」에도, 주절동사인 「verrà」에도 접사화될 수 있다는 사실을 보여 주고 있다.

그러나 이와 같은 현상은 이태리어에 있어서 일반적으로 허용되지 않는 현상이다. (1c)에 대한 (1d)의 부적격성은 이와 같은 사실을 보여 주고 있다. (1d)가 보여 주고 있듯이, 이태리어에서 무 악센트 대명사인 「ti」는 보문동사 「parlar」에는 접사화가 가능하지만, 주절동사인 「deciderà」에는 접사화가 불가능하다.

이태리어에 있어서 (1b)와 같은 현상이 갖는 의의 가운데 하나는 이태리어에는 주절과 내포절의 경계를 명확히 구분하지 않는 동사군이 존재한다는 사실을 알 수 있다는 점이다.

Rizzi가 이태리어에서 주목한 재구조화 현상에 관한 두 번째 전형적인 현상은 목적어 전치(long object preposing)라고 불리는 현상이다.

(2) a. Finalmente si comincerà a costruire l̲e̲ n̲u̲o̲v̲e̲ c̲a̲s̲e̲ p̲o̲p̲o̲l̲a̲r̲i̲.

   "Finally PRO will begin to build the new council houses"

b. Finalmente l̲e̲ n̲u̲o̲v̲e̲ c̲a̲s̲e̲ p̲o̲p̲o̲l̲a̲r̲i̲ si cominceranno a costruire.

c. Finalmente si otterrà di costruire l̲e̲ n̲u̲o̲v̲e̲ c̲a̲s̲e̲ p̲o̲p̲o̲l̲a̲r̲i̲.

   "Finally PRO will get permission to build the new council houses"

d. *Finalmente _le nuove case popolari_ si otterranno di costruire.

(2a)에 대한 (2b)의 적격성은 비인칭 「si」문에 대해서 「comincerà」 와 같은 동사문에서는 내포절의 직접목적어인 「le nuove case popolari」가 주절의 주어가 될 수 있음을 보여 주고 있다. 그러나 이와 같은 목적어 전치 현상은 (2d)가 보여 주고 있는 바와 같이 이태리어에서는 일반적으로 허용되지 않는다.

(2b)가 보여 주고 있는 이와 같은 목적어 전치 현상은 일견 상술한 (1b)의 접어 상승 현상과는 무관한 현상처럼 보인다. 그러나 (2b)가 보여 주고 있는 목적어 전치 현상 역시 (1b)가 보여 주고 있는 접어 상승 현상처럼, 이태리어에서는 주절과 내포절의 경계를 구분하지 않는 동사들이 존재하고 있다는 사실을 보여 주고 있다.

Rizzi가 이태리어에 있어서 주목한 세 번째 전형적인 재구조화 현상은 조동사 선택(auxiliary selection)이라고 불리는 현상이다.

(3) a. Mario _ha_/*_è_ voluto un costoso regalo di Natale.

   "Mario has wanted an expensive Christmas present"

   b. Mario _è_/*_ha_ tornato a casa.

   "Mario is come back home"

(4) a. Mario _ha_ voluto tornare a casa.

   b. Mario _è_ voluto tornare a casa.

   "Mario has/is wanted to come back home"

   c Mario _ha_ promesso di tornare a casa.

   d. *Mario _è_ promesso di tornare a casa.

"Mario has promised to come back home"

(3a)와 (3b)는 이태리어의 「voluto」와 같은 동사는 어스펙트동사로서 「è(be)」가 아닌 「ha(have)」를 선택하고, 「tornato」와 같은 동사는 「ha」가 아닌 「è」를 선택한다는 사실을 보여 주고 있다. 이러한 현상에서 중요한 점은 이태리어에서는 동사가 선택하는 조동사는 제한되어 있다는 사실이다.

그러나 (4a)와 (4b)의 적격성은 이와 같은 사실에 반하는 것처럼 보인다. (4a)의 「ha」는 (3a)가 보여 주고 있는 바와 같이 「voluto」에 의해 선택되고 있다고 생각할 수 있으나, (4b)의 「è」는 「voluto」에 의해 선택되고 있다고 생각할 수 없다. 그러므로 (3b)가 보여 주는 것처럼, 「è」는 (4b)의 내포절인 「tornare」에 의해 선택되고 있다고 생각할 수밖에 없다. (4b)는 (4d)의 부적격성이 보여 주고 있는 것처럼, 이태리어에서는 일반적으로 허용되지 않는 현상이다. 이와 같이 (4b)의 적격성과 (4d)의 부적격성이라는 대비는 이태리어에 있어서 「voluto」와 같은 동사는 「promesso」와 같은 동사와는 달리, 주절과 내포절의 경계를 명확히 구분하지 않는 동사임을 보여 주고 있다.

(4)의 조동사 선택 현상도 일견 상술한 접어상승 현상과 목적어 전치 현상과는 직접적인 관련성이 없어 보이지만, 주절과 내포절을 명확히 구분하지 않는 동사가 이태리어에 존재하고 있다는 사실을 보여 주고 있다는 점에서, (1)의 접어상승 현상, (2)의 목적어 전치 현상과 공통된 사실을 보여 주고 있는 현상이라고 할 수 있다.

이상의 (1)~(4)에서 보여 준 몇몇 현상으로부터, Rizzi는 주절과 내포절 사이의 절 경계를 명확히 구분하지 않는 동사로서, 모달동사(modal verb), 어스펙트동사(aspectual verb), 운동동사(motion verb)를 들고, 이들 동사 부류들을 재구조화 동사라고 지적하고 있다.

이 외의 Rizzi가 제시한 접어상승 현상과 목적어 전치 현상, 조동사 선택 현상의 예는 다음과 같다.

(5) a. Mario <u>lo</u> vuole leggere.

　　　Mario it wants to read

　　　"Mario wants to read it"

　 b. *Mario <u>lo</u> odia leggere.

　　　Mario it hates to read.

　　　"Mario hates to read it"

(6) a. <u>Questi libri</u> si volevano proprio leggere.

　　　these books SI wanted really to read

　　　"We really wanted to read these books"

　 b. *<u>Questi libri</u> si odiavano proprio leggere.

　　　these books SI hated really to read

　　　"We really hated to read these books"

(7) a. Mario <u>sarebbe</u> proprio voluto andare a casa.

　　　Mario would be really wanted to go home

　　　"Mario would have rally wanted to go home"

　 b. *Mario <u>sarebbe</u> proprio odiato andare a casa.

Mario would be really hated to go home

"Mario would have really hated to go home"

   (5a)의 「vuole」 동사문에서는 (5b)의 「odia」 동사문이 보여 주고 있는 것처럼, 이태리어에서 일반적으로 허용되지 않는 내포절의 목적어(「lo」)가 주절동사로 추출되는 것을 허용하고 있다. SI문인 (6a)에서도 (6b)가 보여 주고 있는 것처럼, 일반적으로 허용되지 않는 내포절의 목적어(「Questi libri」)가 주절의 주어 위치로 전치되는 것을 허용하고 있다. 또한 주절동사의 조동사 선택에 있어서도 (7a)가 보여 주고 있는 것처럼, 일반적으로 내포절 동사인 「voluto」가 선택하는 「essere」가 아닌, 내포절의 「andare」가 선택하는 「sarebbe」를 선택하고 있다.

   상술한 바와 같이, Rizzi(1978)은 재구조화 동사를 모달동사, 어스펙트동사, 행위동사를 지적했지만, 이 밖에도 Rizzi(1982)는 컨트롤동사문과 준보조동사문(semi-auxiliary sentence)에 나타나는 (8)과 (9)와 같은 대비를 근거로, 준보조동사 역시 재구조화 동사라고 주장했다.

   (8) 컨트롤동사문

   a. Piero decidera [cp di parlartidi parapsicologia]

      피에로 정하다 이야기하다 너에게 대해서 미래(의 일)

      "피에로는 미래에 대해서 너에게 이야기할 것을 정했다"

   b. *Piero ti decidera [cp di parlare di parapsicologia]

(9) 준보조동사문

a. Piero verrs [cp a parlart̲i̲di parapsicologia]

피에로 원하다 이야기하다 너에게 대해서 미래(의 일)

"피에로는 미래에 대해서 너에게 이야기할 것을 원했다"

b. Piero t̲i̲ verra [cp a parlare di parapsicologia]

(8a)의 적격성과 (8b)의 부적격성이 보여 주고 있는 것은 일반적으로 이태리어에서는 내포절에서 나타나는 「ti」는 주절에서는 나타나지 않는다는 사실이다. 그러나 (9a)와 (9b)의 적격성은 내포절에 나타나는 「ti」가 주절에서도 나타나고 있음을 보여 주고 있다.

이와 같은 사실로부터 (9)의 현상도 (1)~(4)와 동일한 현상으로써 다룰 수 있으며, 준보조동사 역시 재구조화 동사라고 할 수 있다.

위에서 살펴본 Rizzi(1978)의 재구조화 동사문에는 (10a)에서 (10b)의 파생과정이 상정되어 있다.

(10)

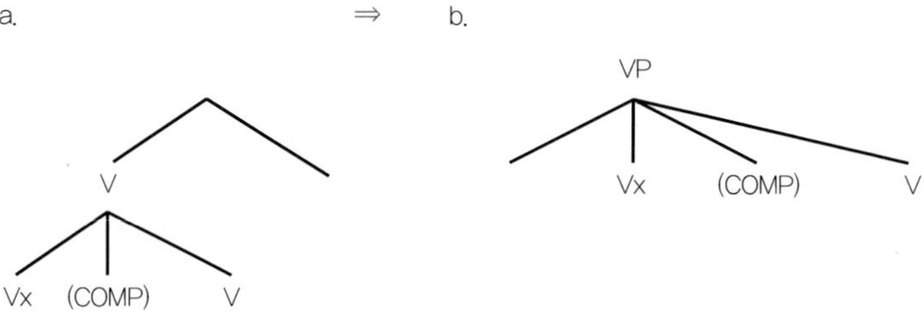

(10a)에서 (10b)의 파생과정에는 「Vx－(Comp)－V」가 하나의 복

합동사(complex verb)를 이루고, 성분 절점(constituent node)이 사라지는 구조적인 변형을 인정하고 있다. 또한 Rizzi(1982)에서의 재구조화 현상의 파생은 (11a)에서 (11b)와 같이 가정하고 있다.

(11)

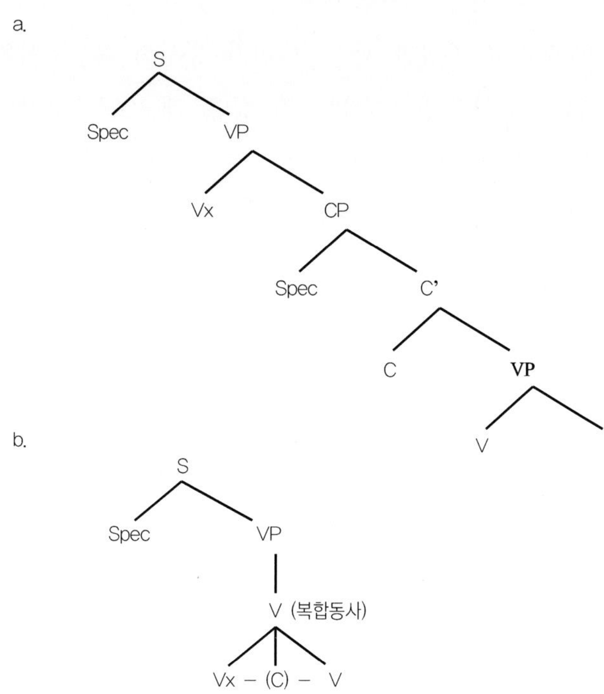

(11a)에서 (11b)까지의 파생 과정에 있어서도 (10)과 마찬가지로, CP의 절점이 사라지고, 「Vx－(C)－V」라는 하나의 복합동사가 형성되어 있다.

이상, 개략한 Rizzi(1978/1982)의 고찰에는 몇 가지 커다란 의의

가 존재하고 있다. 우선, (1)~(4)에서 보여 준 일견 상호 관련성이 없어 보이는 이태리어의 여러 현상에 대해서, 내포절이 하나의 절로서 기능하지 못한다는 공통된 사실을 관찰하여, 이들 현상을 재구조화 현상이라는 통일된 현상으로 다루었다는 점이다. 또한 이태리어에서 나타나는 몇몇 재구조화 동사 부류를 명시했다는 점, 그리고 재구조화 현상은 어떤 동사 부류에 의해서 수의적으로 일어나는 현상이라고 주장한 점,[15] 나아가 통사적 복합동사의 개념이 필요하다는 사실을 명시했다는 점 등은 재구조화 현상의 연구에 있어서 중요한 의미를 갖는다.

그러나 한편으로는 재구조화 현상에 대한 Rizzi(1978/1982)의 (10), (11)과 같은 재구조화 규칙은 초기구조를 바꾼다는 변형규칙이 적용되고 있기 때문에, 생성문법의 이론적 틀이 GB(Government & Binding)[16]의 시대로 들어서면서, GB에서 가정하고 있는 제반 원리 가운데 이른바 투사원리(projection principle)를 위반한다는 지적이 나오게 되었다.

(12) Projection Principle(Chomsky(1981))

　　　Representations at each syntactic level(i.e. LF, and D－and S－structure) are projected from the lexicon, in that they observe the subcategorization properties of lexical items.

---

15) 재구조화 현상이 수의적이라는 주장은 결과적으로 재구조화 현상에 대한 여러 설명들을 무효화시키게 된다(cf.2.3절).

16) GB는 몇 가지 보편적인 원리와 개별 언어 간의 매개변이에 의해 UG(universal grammar)의 모습을 추구하려는 시도이다. 이러한 의미에서 GB를 P&P(principles and parameters)라고 부르기도 한다.

(12)가 명시하고 있는 투사원리는 어떤 단어가 갖고 있는 어휘정보가 투사하고 있는 초기구조는 파생과정의 모든 레벨에 있어서도 유지되어야만 한다는 것을 규정한 것이다.

그런데 Rizzi가 주장하고 있는 (10), (11)과 같은 파생과정에서는 각각의 성분 절점인 V와 CP, VP가 삭제되어 있으므로, (10a)와 (11a)의 구조가 만족하고 있는 동사의 투사와 파생 후의 구조인 (10b)와 (11b)가 만족하고 있는 동사의 투사는 달라져 있다((11a)에서 Vx의 하위범주화와 (11b)에서 Vx의 하위범주화는 다르게 나타나고 있다). 그러므로 (10), (11)과 같은 파생과정은 (12)에서 보여준 투사원리를 위반하여, 초기구조를 유지하고 있지 못하고 있다.

Rizzi(1976/1978/1982)에 대한 이와 같은 문제점이 지적된 이후, 재구조화 현상의 고찰은 Rizzi가 위반한 투사원리를 유지하면서 재구조화 현상을 설명하려는 방향으로 연구의 흐름이 바뀌게 되었으며, 그 대표적인 연구의 하나가 Burzio(1986)이다.

2.1.2. Burzio(1986)

Burzio(1986)는 Rizzi(1976/1978/1982)가 위반하고 있는 투사원리를 극복하기 위해서, 어휘정보가 갖는 초기구조가 그대로 유지되어야만 한다는 이론적 제약에 따라, VP 이동을 주장하고 있다.

Burzio는 Rizzi(1976/1978/1982)가 관찰한 이태리어에서의 재구조화 현상을 다루면서, Rizzi의 재구조화 현상을 더욱 확장하여 이태리어의 조동사와 전치사 일치(preposition agreement) 현상에 대해서도 설명을 부여했다.

Burzio는 VP 이동에 근거하여 재구조화 현상의 파생과정을 (13)과 같이 주장하고 있다.

(13) a. Giovanni$_i$ va ti [s PRO$_i$ a prendere il libro]

　　　Giovanni goes　　　　　　to fetch the book

$$\Downarrow$$

　　　Giovanni$_i$ va [vp a prendere il libro]ti [s PRO$_i$ ……]

　b. Giovanni$_i$ dovrebbe [s ti prendere il libro]

　　　Giovanni would have　　　　to fetch　the book

$$\Downarrow$$

　　　Giovanni$_i$ dovrebbe [vp predere il libro][s ti ……]

　c. Giovanni$_i$ vorrebbe [s PRO$_i$ prendere il libro]

　　　Giovanni would want　　　　　to fetch the book

$$\Downarrow$$

　　　Giovanni$_i$ vorrebbe [vp prendere il libro][s PRO$_i$ ……]

(13a)는 능격동사문, (13b)는 상승동사문, (13c)는 컨트롤동사문에 나타나는 재구조화 현상의 파생과정을 보여 주고 있다.

(13a)~(13c)는 Burzio가 재구조화 동사를 능격동사, 상승동사, 컨트롤동사로 삼 분류한 것을 기초로 하고 있다.[17] 이와 같은 상승구

---

17) Burzio은 영어의 「can」, 「will」과 같은 이태리어의 모달동사도 재구조화 동사라고 지적하고 있다.

조와 컨트롤구조 모두에 적용할 수 있는 Burzio의 VP 이동은 상승구조와 컨트롤구조에서 재구조화 현상이 일어난 뒤에도 이들 문은 VP 이동의 흔적에 의해서 상승구조와 컨트롤구조를 바꾸지 않을 수 있다. 이는 재구조화 현상이 나타나도 구조적인 변화는 일어나지 않는다고 설명할 수 있으며, Rizzi(1976/1978/1982)와 같은 투사원리를 위반하지 않고 재구조화 현상을 설명할 수 있다.

Burzio가 주장하고 있는 재구조화 현상의 이와 같은 VP 이동에 대한 생각은 다음 (14a)와 (14b)로부터 조금 더 명확히 알 수 있다.

(14) a. 'Restructuring' constructions involve VP – complements, as in (15a).

b. 'Restructuring' complexes involve base – generated complex verbs, as in (15b).

(15)

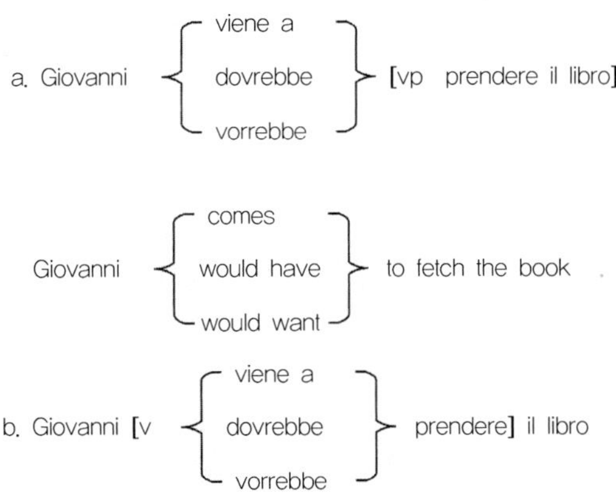

(14a)는 Burzio가 이태리어의 재구조화 현상에는 VP 이동이 관여하고 있다는 것을 보여 주기 위한 필요한 조건을 명시한 것이며, (4b)는 재구조화 현상에 있어서 「V‑V」라는 복합동사가 초기 생성된다는 것을 규정한 것이다.[18]

이상과 같은 이태리어에서의 Burzio의 주장은 Rizzi(1976/1978/1982)을 지지하고 확장하고 있다는 점, 재구조화 현상에 있어서 VP 이동을 가정하여 Rizzi(1976/1978/1982)가 위반하고 있는 투사원리를 위반하고 있지 않다는 점에서 평가할 수 있다. 그러나 Burzio가 주장하고 있는 재구조화 규칙(VP 이동)이 어디까지 보편적인가는 재검토할 필요가 있는 과제로 남고 있다.[19]

Burzio와 같이 Rizzi를 의식한 연구는 아니지만, GB의 몇몇 원리를 위반하지 않으면서 재구조화 현상을 설명할 수 있는 연구도 있다. 그 대표적인 연구가 다음의 Baker(1988)이다.

2.1.3. Baker(1988)

Rizzi(1976/1978/1982)를 의식한 것도 아니며, 재구조화 현상을 직접적으로 언급한 연구도 아니지만, Baker가 제시하고 있는 편입

---

18) 재구조화 문에 있어서 「V‑V」가 초기 생성된다는 Burzio(1986)의 주장은 이태리어에 한정된 지적이다. 재구조화를 보편적인 관점에서 보면, Burzio의 「V‑V」에 대한 언급은 재구조화를 위한 필요조건이라고는 하기 힘들다. 1.2.절에서도 언급했듯이, 재구조화 현상은 근본적으로 복문 안의 내포절의 순환 절점(cyclic node)의 문제이며, 내포절을 포함하는 복문에서 나타나는 절 기능의 문제라고 생각할 수 있다.

19) 그 이유의 하나는 일본어에 나타나는 복합술어문의 재구조화 현상에 있어서, VP 이동보다는 V 이동(핵 이동)을 가정해야만 하는 이유가 많은 연구들에 의해 지적되고 있기 때문이다(cf. 井上(1976), Koizumi(1995), 등).

(incorporation)과 GTC(government transparency corollary)라는 개념을 받아들이면, 재구조화 현상이 나타나는 파생과정을 상정할 때 문제가 될 수 있는 투사원리 위반이라는 이론적인 제약을 극복하면서, 재구조화 현상의 파생과정을 설명할 수 있다.

이하, Baker가 주장하고 있는 편입과 GTC의 개념을 Baker가 다루고 있는 경험적인 사실로부터 살펴보도록 하자.

예를 들어, (16b)는 (16a)로 편입이 일어났음을 보여 주고 있는 Chichewa어의 명사편입(noun incorporation)의 예이다. (16a)에 대한 (16b)은 직접목적어인 「mkaze(wife)」가 편입되고, 목적어인 소유자 「njovu(lelphant)」는 그대로 남아(stranding) 복합동사 「mkaze(wife) − anawaba(stole)」의 새로운 목적어가 되고 있다.

(16) a. kalulu a − na − (wa) − b − a <u>mkazi</u> wa <u>njovu</u>.

　　　 hare SP − past − OP − steal − asp wife of elephant

　　　 "The hare stole the elephant's wife"

　　 b. kalulu <u>mkazi</u> − a − na − (wa) − b − a <u>njovu</u>.

　　　 hare wife − SP − past − OP − steal − asp elephant

　　　 "The hare wife − stole the elephant"

다음 (17a)는 (16a)의 초기구조를 보여 주고 있으며, (17b)는 (16b)의 구조를 보여 주고 있다.

(17)

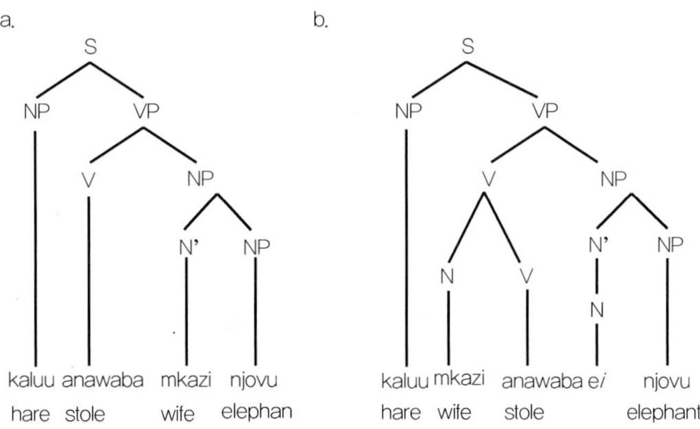

(17b)를 보면, 이동한 명사가 원래 위치에서 흔적(ei)을 남기고 있
는 것을 알 수 있다. 그리고 (16)과 (17)이 보여 주고 있듯이, 명사
가 편입할 때 나타나는 통사적인 이동 규칙은 통사적으로 최대투
사범주(maximal projection category)가 아닌, 어휘범주에 작용하고
있다. 또한 이러한 통사상의 이동 규칙의 원리에는 핵 이동(head
movement)이 상정되어 있으므로, 편입 조작은 핵 이동 제약(head
movement constraint)을 엄수해야만 한다. 이러한 사항들이 Baker가
주장하고 있는 편입에 대한 간략한 개념이다.

이러한 편입의 개념을 이용하여 Baker는 수동문, 반수동문, 사역
문, 응용동사문에 대해서도 명사 편입과 동일한 설명을 부여하고
있다. 또한 이러한 편입의 개념은 핵 이동 제약을 지키지 않는 동
사에 의한 주어 편입 현상이나 의미역할이 표시되지 않은 부가어
편입의 가능성을 배제시킬 수 있다. 나아가 Baker는 편입 과정에는
HMC(head movement constraint) 외에 GTC(governmnet transparency

corollary)라는 중요한 원리가 작용하고 있다고 주장하고 있다.

(18) Government Transparency Corollary (Baker(1988))

A lexical category which has an item incorporated into it governs everything which the incorporated item governed in its original structural position.

(18)에서 명시한 GTC의 개념을 Baker의 전치사 편입(preposition incorporation) 현상을 통해 살펴보자. 예를 들어 (19)는 Chichewa어의 응용동사문에 나타나는 전치사 편입 현상이며, (20a)는 (19)의 통사구조를 보여 주고 있으며, (20b)는 (19)의 초기구조를 보여 주고 있다.

(19) atsikana a − na − vin − ir − a mfumu.

girls SP − past − dance − <u>Applicative(for)</u> − asp chief

"The girls danced for the chief"

(20)

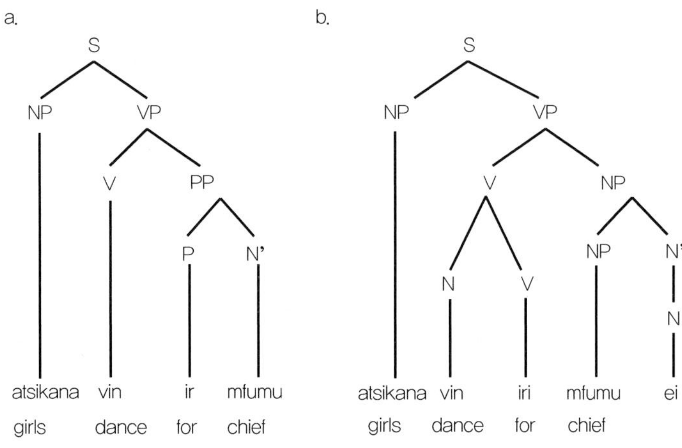

(20b)를 보면, 동사 「vin(dance)」는 전치사 「ir(for)」를 편입하고 있음을 알 수 있다. 이 경우 새로이 만들어진 복합동사인 「vin－ir(dance－for)」는 편입된 「ir(for)」가 편입되기 전에 지배(goverment)하고 있던 요소인 「mfumu(chief)」를 지배할 수 있게 된다. 이와 같은 방법이 GTC의 개념이다. 그러므로 GTC의 개념을 이용하면 편입으로 파생된 복합동사는 편입된 요소가 편입 이전에 지배하고 있던 모든 요소를 지배할 수 있게 된다.

이와 같은 Baker가 주장하고 있는 편입의 개념과 GTC의 개념을 원용하면 재구조화 현상의 파생과정도 GB의 여러 원리들을 위반하지 않고 설명할 수가 있다. 다시 말해, 초기구조를 어느 레벨에 있어서도 유지하면서, 동시에 표면 레벨에서의 단문화를 설명할 수가 있게 되므로, 재구조화 현상은 (21a)에서 (21b)로 파생한다고 상정할 수 있다.[20]

(21)

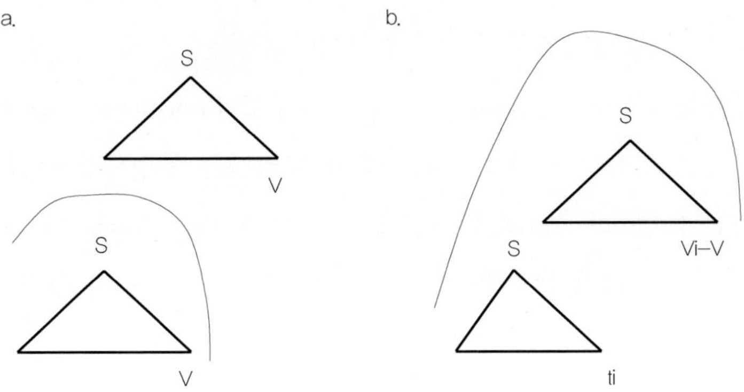

이상과 같이, 1980년대는 GB의 여러 원리를 위반하지 않고 재구
조화 현상을 설명하려는 연구가 계속되었다. 1990년대에 들어오면
서 생성문법은 GB의 이론적 틀에서 병합(merge)을 기초로 하는
MP(minimalist program)라는 이론적 틀로 변천하여, 근년 MP의 입
장에서 재구조화 현상에 대한 본격적인 논의가 Wurmbrand(2001)
에 의해 이루어졌다.

2.1.4. Wurmbrand(2001)

Wurmbrand(2001)는 독일어의 부정사절(infinitives)이 여러 문법현
상에 대해서 모두 동일한 조작을 보이지 않는다는 사실을 관찰하

---

20) 본서에서 상정하고 있는 재구조화 현상의 파생과정에서도 핵 이동과 Baker의 GTC가 관여
하고 있다고 생각하고 있다.

고, 독일어의 부정사절은 네 개의 유형으로 나눌 수 있음을 명시했다.

Wurmbrand가 분류하고 있는 독일어의 네 가지 부정사절은 우선 재구조화 현상이 나타나는지 나타나지 않는지에 의해 크게 두 가지로 분류되고, 재구조화가 나타나는 부정사절은 다시 어휘적 재구조화(lexical restructuring)와 기능적 재구조화(functional restructuring)로 나누어진다.[21] 또한 재구조화가 나타나는 부정사절에 있어서도 완전한 절(full clause)과 그것보다는 덜 완전한 절(reduced clause)로 분류된다. 여기서는 재구조화 현상이 나타나는 경우의 어휘적 재구조화 동사문과 기능적 재구조화 동사문의 특징만을 인용해 두겠다.

〈표 2-1〉 독일어의 부정사절 구문

Restructuring		
Lexical INF＝VP	· no embedded(PRO) subject · no embedded structural case · no embedded tense · no embedded negation	possible · long object movement · scrambling · pronoun fronting
	· obligatory control · implicatives, aspectuals, irrealis predidates.	impossible · extraposition of infinitive · relative clause pied piping

Functional
 	
INF＝
main predicate
	· thematic properties are
	  detemined by the embedded
	  predicate
		possible
		· IPP effect
		· raising

---

21) 어휘적 재구조화 동사와 기능적 재구조화 동사의 차이는 전자는 의미역할 부여 능력이 있지만, 후자에는 의미역할 부여 능력이 없다는 것이다. 어휘적 재구조화 동사와 기능적 재구조화 동사의 논의에 대한 보다 구체적인 사항은 Wurmbrand(2004)를 참고할 수 있다.

 단문과 복문에 관한 문법론

	· raising, aspectual, causative, perception, motion verb	impossible · extraposition of infinitive · matrix passive · relative clause pied piping
Non-restructuring: Reduced vs Full clause		

<표 2-1>이 보여 주고 있는 것은 어휘적 재구조화 현상에 있어서의 부정사절의 특징과 기능적 재구조화 현상에 있어서의 부정사절의 특징이다. 이러한 특징은 Wurmbrand 자신이 언급하고 있듯이, 보편적인 측면과 독일어만의 특수한 측면 모두를 포함하고 있으므로, 이들 특징들 모두가 반드시 자연언어에 적용되리라는 보장은 없다.

Wurmbrand가 주장하고 있는 어휘적 재구조화 현상과 기능적 재구조화 현상의 근본적인 차이는 (22)에서 보여 주고 있듯이, 재구조화 동사가 갖는 보부의 크기와 구조적인 높이의 차이이다.

(22)

a. 어휘적인 재구조화 (Lexical Restructuring)

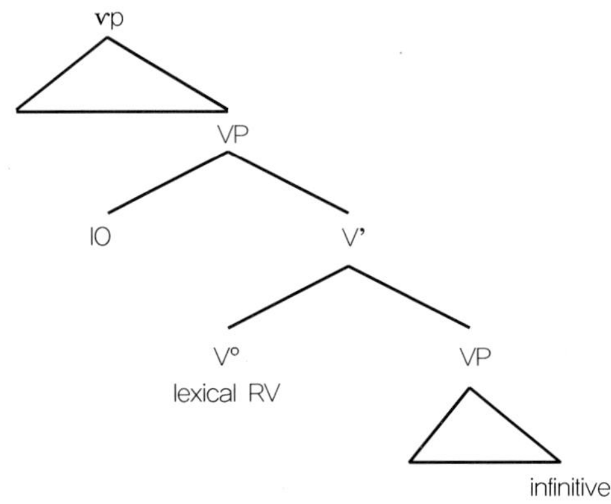

b. 기능적인 재구조화 (Functional Restructuring)

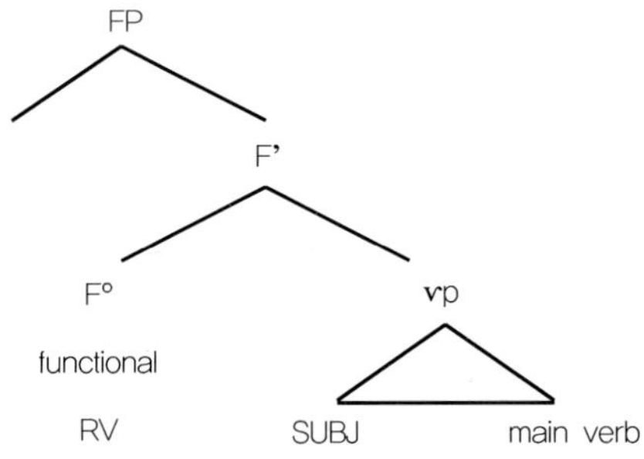

   (22a)로부터 어휘적 재구조화 동사는 VP를 자신의 보부로 취하고 있음을 알 수 있으며, (22b)로부터 기능적 재구조화 동사는 vP를 자신의 보부로 취하고 있음을 알 수 있다.

   (22)에서는 나타나고 있지 않지만, 어휘적 재구조화 현상에서는 vP를 보부로 취하게 되면 재구조화 현상이 나타나지 않고, 기능적

재구조화 현상에서는 CP를 보부로 취하게 되면 재구조화 현상이 나타나지 않는다.[22]

이상, Wurmbrand가 보여 준 독일어의 네 가지 유형의 절은 절의 종류가 단순히 절로서 기능하는가 기능하지 않는가라는 기준으로 나누어지고 있지 않음을 보여 주고 있다는 점에서 주목해야 한다. 왜냐하면 다른 언어에 있어서도 절의 유형이 보다 세분화되어 있을 수 있는 가능성을 제시하고 있기 때문이다. 또한 Wurmbrand의 재구조화 현상에 대한 고찰은 종래의 재구조화 현상에 대한 여러 연구를 포괄적으로 다루면서, 몇몇 통사 조작만이 아닌, 의미해석과 재구조화 현상과의 관련성을 제시했다는 점에서도 주목할 만하다.

2.1.5. 그 밖의 연구[23]

지금까지 구미 여러 언어들에 나타나는 재구조화 현상에 대한 연구의 흐름을 간략하게 살펴보았다.

상술한 연구들 외에도 Manzini(1983)나 Goodall(1987) 등의 여러 연구들이 있다.

Manzini(1983)는 재구조화(Restructuring)와 재분석(Reanalysis)의 개

---

22) Wrumbrand의 이와 같은 분석은 재구조화 현상이 일어나는 경우와 일어나지 않는 경우의 각각의 구조가 초기구조에서 다르기 때문임을 보여 주고 있다. 본서에서 제안하고 있는 재구조화 현상에 대한 분석은 이와 같은 Wurmbrand의 영향을 받고 있다. 재구조화 현상에 대한 Wurmbrand와 본서의 입장의 차이에 대해서는 2.2.절에서 명시하고 있다.

23) 본서에서는 다루고 있지는 않으나, 재구조화 현상에 대한 또 다른 심도 있는 이론적 고찰은 Robert(1997)를 참조할 수 있다.

념을 구별하는 이론적인 정의를 세우고,24) 이들을 지지하는 경험적 자료로써 이탈리아어의 중간구문(middle constructions), 프랑스어의 사역구문(causative constructions) 등을 제시하고 있다. Manzini가 말하는 재구조화의 개념에서 중요한 점은 재구조화가 일어나기 전과 일어난 후의 구조가 같은 레벨에서 나타난다는 점이다. 즉, Manzini가 말하는 재구조화의 개념은 각각의 문법 레벨에서 나타나는 파생과정을 상정할 필요가 없다는 점이다.

Goodall(1987)은 Rizzi(1982)가 이태리어에서 관찰한 접어상승(clitic climbing) 현상과 비슷한 현상을 프랑스어에서도 관찰된다는 사실로부터, 이들 현상은 재구조화 현상이라고 지적했다. 특히 사역동사인 「faire」문과 재구조화 동사문은 동일한 통사구조를 갖는 문이지만, 양자 간에는 서로 차이가 있음을 지적했다. 예를 들어, 사역동사 「faire」문인 (23)은 「faire」가 V 보부를 취하는 경우와 S´ 보부를 취하는 경우가 있는 초기구조로서 각각 (23b)와 (23c)를 상정한다.

---

24) Manzini(1983)는 재구조화(restructuring)와 재분석(reanalysis)의 개념을 다음과 같이 구별하고 있다.
(i) "…… restructuring is defined by the presence of more than one structure for one and the same sentence in one and the same level of grammar."
(ii) "…… reanalysis is defined by the merger of the subcategorization properties of an element with the subcategorization properties of another element."

(23)

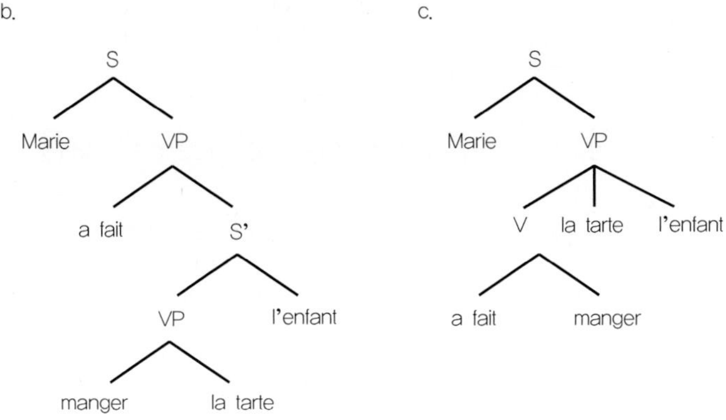

　(23a)에 대한 (23b)와 (23c)의 분석은 동일한 통사레벨에 있어서 하나의 문이 두 개의 구조를 가정하고 있다는 점에서는 상술한 Manzini(1983)와 동일한 분석처럼 보이지만,[25] 이와 같은 분석은 Manzini와 같이 (23a)에 대해서 (23b)로부터 (23c)가 상정되는 것이 아닌, 원래부터 두 개의 구조로서 (23b)와 (23c)를 설정하고 있다는 점에서 차이를 보인다. 다시 말해서 두 개의 병렬된 초기구조(parallel structures)를 상정하고 있다고 할 수 있다.[26]

　이상의 Manzini(1983)와 Goodall(1987)의 분석은 재구조화 동사에

---

25) 조금 더 정확히 언급하자면, Goodall은 재구조화(restructuring)라는 술어가 아닌 재분석(reanalysis)이라는 술어를 사용하여 (27)과 같은 분석을 하고 있으며, Manzini(1983)의 재분석의 개념에 가깝다.

26) Goodall은 사역동사문과 재구조화 동사문은 상호 동일한 통사구조를 갖는다고 주장하면서, 양자의 차이는 사역동사는 격 부여 능력을 갖고 있지만, 재구조화 동사는 격 부여 능력을 갖지 못한다고 지적하고 있다.

대해서, 하나의 동사에 대한 서로 다른 두 개의 어휘 특징을 가정해야만 한다는 것을 의미하고 있다. 복문을 투사하는 V1과, 어휘부에서 복합동사 형성에 관여하는 V1을 가정해야만 한다는 것이다.

2.2. 일한 양 언어에 있어서의 선행연구의 흐름

본 절에서는 일본어를 중심으로 일본어와 한국어에 나타나는 재구조화 현상에 대한 연구가 어떻게 이루어져 있는지를 개관할 것이다.

1장에서도 언급했듯이, 일한 양 언어에 있어서 재구조화 현상에 대한 본격적인 연구는 거의 이루어지고 있지 않다. 그러나 이와 같은 연구 흐름 속에서도, 일본어에서도 구미 여러 언어들에서 지적되어 온 재구조화 현상을 관찰할 수 있다는 본격적인 논의가 Miyagawa(1986)에 의해 이루어졌다. 또한 한국어에 있어서도 재구조화 현상을 관찰할 수 있다는 지적이 Choe(1988)에 의해서 이루어졌다.

이하, Miyagawa(1986)를 중심으로 재구조화 현상에 대한 일한 양 언어에서의 연구 흐름을 극히 간략하게 살펴보도록 하자.

Miyagawa(1986)는 행위동사인 「行く(가다)」와 「來る(오다)」를 주절동사로 하는 PE(purpose expression)문을 대상으로, 몇몇 로망스 언어에서 제안된 재구조화 현상이 일본어의 PE문에서도 동일하게 관찰된다는 사실을 명시했다.

Miyagawa는 일본어의 PE문에 재구조화 현상이 나타난다는 사실

을 명시하기 위해, 도구를 나타내는 후치사(instrumental postposition: IPP)의 의미해석, 「しか(sika)~ない(Neg)」 현상, 속박조건 B(Binding Condition B) 현상 등을 증거로 제시하고 있다.

Miyagawa가 제시한 이들 증거 중에서, 여기서는 IPP의 의미해석 현상과 「しか(sika)~ない(Neg)」 현상만을 살펴보도록 하자.

(24) a. 太郎-が 双眼鏡で [花子-が 車-を 盗ん-だ]-の- を み-た。
　　　 타로우-Nom 망원경으로 하나코-Nom 차-Acc 훔치- Past-Cp-Acc 보-Past
　　　 "타로우가 망원경으로 하나코가 차를 훔친 것을 보았다"
　　 b. *太郎-が [花子-が 車-を 双眼鏡で 盗ん-だ]-の- を み-た。
　　　 타로우-Nom 하나코-Nom 차-Acc 망원경으로 훔치- Past-Cp-Acc 보-Past
　　　 "타로우가 하나코가 차를 망원경으로 훔친 것을 보았다"

(24a)의 적격성과 (24b)의 부적격성이 보여 주고 있는 대비는 복문에서는 일반적으로 주절동사인 「み(보)」와 관계하는 IPP인 「双眼鏡(망원경)」는 주절동사와 같은 절에서 나타날 수 있지만, 주절동사와 다른 절에서는 나타날 수 없음을 보여 주고 있다.

그러나 PE문에서는 주절동사와 관계하는 IPP가 내포절 속에 나타날 수가 있음을 관찰할 수 있다.

(25) a. 太郎－が 神田－に 本－を 買いに 行っ－た。

　　　타로우－Nom 칸다－loc 책－Acc 사러 가－Past

　　　"타로우가 칸다에 책을 사러 갔다"

　　b. [s 太郎i－が 神田－に [s PROi 本－を 買いに] 行っ－た]

　　　타로우i－Nom 칸다－loc PROi 책－Acc 사러 it－Past

　　c. 太郎－が 神田－に 本－を 自轉車で 買いに 行っ－た。

　　　타로우－Nom 칸다－loc 책－Acc 자전거로 사러 가－Past

　　　"타로우가 칸다에 책을 자전거로 사러 갔다"

　　d. *太郎－が 本－を 自轉車で 買いに 神田－に 行っ－た。

　　　타로우－Nom 책－Acc 자전거로 사러 칸다－loc 가－Past

　　e. [s [太郎－が] [神田－に] [本－を] [買いに] [行っ－た]]

　　　타로우－Nom 칸다－loc 책－Acc 사러 가－Past

(25b)는 (25a)의 통사구조를 보여 주고 있다.

(25c)의 적격성은 IPP인 「自轉車で(자전거로)」가 내포절 안에서 나타나고 있음에도 불구하고 주절동사인 「行(가)」와 연동하는 의미해석인 「自轉車で行った(자전거로 갔다)」가 가능하다는 것을 보여 주고 있으며, (25d)의 부적격성은 「自轉車で行った(자전거로 갔다)」라는 의미해석이 불가능하다는 것을 보여 주고 있다.[27)]

(25c)에서 「自轉車で行った(자전거로 갔다)」라는 의미해석이 가능한 것은 (25a)에 있어서 재구조화 현상이 나타나기 때문으로, (25b)와 같은 복문구조가 아닌 표면 레벨에 있어서의 (25e)와 같은

---

27) (25d)에서는 「自転車で本を買いに、太郎が神田に行った。(자전거로 책을 사러, 타로우가 칸다에 갔다)」라는 의미해석만이 가능하다.

단문구조의 모습을 보이고 있기 때문이라고 설명할 수 있다.

또한 (25c)의 적격성과 (25d)의 부적격성의 대비는 장소를 나타내고 있는「神田に(칸다에)」라는 부사가 내포절의 동사인「買(사)」와 주절동사인「行(가)」 사이에 개입하고 있는지 개입하고 있지 않은지의 차이임을 알 수 있다. 그러므로 (25d)에서「自轉車で行った(자전거로 갔다)」라는 의미해석이 나타나지 않은 것은「神田に(칸다에)」라는 부사가 내포절의 동사와 주절동사 사이에 개입하고 있기 때문이라고 생각할 수 있다. 이는 재구조화 현상에 있어서 인접성 조건이 관여하고 있다는 증거라고 할 수 있다.

다음은 Miyagawa가 제시한「しか(sika)～な(Neg)」 현상이다.

(26) 太郎－が ピザ－しか 食べ－な－い。

　　 타로우－Nom 피자－sika 먹－Neg－Pres

　　 "타로우가 피자밖에 먹지 않는다"

(27) a. 僕－が[s 太郎－が ピザ－しか 食べ－な－い－の]－を
　　　　 聽い－た。

　　　　 내－Nom 타로우－Nom 피자－sika 먹－Neg－Pres－Cp－
　　　　 Acc 듣－Past

　　　　 "내가 타로우가 피자밖에 먹지 않는 것을 들었다"

　　 b. *僕－が[s 太郎－が ピザ－しか 食べ－る－の]－を 聽
　　　　 か－な－かっ－た。

　　　　 내－Nom 타로우－Nom 피자－sika 먹－Pres－Cp－Acc
　　　　 듣－Neg－kat－Past

"내가 타로우가 피자밖에 먹는 것을 듣지 않았다"

(26), (27a)의 적격성과 (27b)의 부적격성은 「NP－しか(sika)」와 「
な(Neg)」가 서로 국소적인 영역(하나의 절) 안에서 나타나야만 한
다는 사실을 보여 주고 있다.

「NP－しか(sika)」와 「な(Neg)」 사이에 존재하는 이와 같은 제약
을 염두에 두고, PE문에 나타나는 「しか(sika)～な(Neg)」의 현상을
살펴보자.

(28) a. 花子－が 図書館－に 雑誌－を 借りに 行っ－た。

　　　하나코－Nom 도서관－loc 잡지－Acc 빌리러 가－Past

　　　"하나코가 도서관에 잡지를 빌리러 갔다"

　　b. [s 花子i－が 図書館－に[s PROi 雑誌－を 借りに]行っ－
　　　た]

　　　하나코i－Nom 도서관－loc PROi 잡지－Acc 빌리러 가－Past

　　c. 花子－が 図書館－に 雑誌－しか 借りに 行か－な－
　　　かっ－た。

　　　하나코－Nom 도사관－loc 잡지－sika 빌리러 가－Neg－
　　　kat－Past

　　d. *花子－が 雑誌－しか 借りに 図書館－に 行か－な－
　　　かっ－た。

　　　하나코－Nom 잡지－sika 빌리러 도서관－loc 가－Neg－
　　　kat－Past

　　e. [s[花子－が][図書館－に][雑誌－を][借りに][行っ－た]]

하나코-Nom 도서관-loc 잡지-Acc 빌리러 가-Past

(29) a. ジョン-が 明日 本-を 買いに 行-く。

존-Nom 내일 책-ACC 사러 가-Pres

"존이 내일 책을 사러 간다"

b. [s ジョンi-が 明日[s PROi 本-を 買いに]行-く]

존i-Nom = 내일 PROi 책-Acc 사러 가-Pres

c. ジョン-が 明日 <u>本-しか</u> 買いに 行か-な-い。

존-Nom 내일 책-sika 사러 가-Neg-Pres

d. ??ジョン-が <u>本-しか</u> 買いに 明日 行か-な-い。

존-Nom 책-sika 사러 내일 가-Neg-Pres

e. [s [ジョン-が] [明日] [本-を] [買いに] [行-く]]

존-Nom 내일 책-Acc 사러 가-Pres

(28c-d), (29c-d)는 PE문인 (28a), (29a)에 나타나는 「しか(sika)~な(Neg)」 현상이다.

(28b)와 (29b)는 각각 (28a)와 (29a)의 구조를 보여 주고 있다. (27)에서 보여 주고 있는 「NP-しか(sika)」와 「な(Neg)」의 국소성을 고려하면, (28c), (29c)의 적격성은 (28a), (29a)가 (28b), (29b)와 같은 복문구조가 아닌, (28e), (29e)와 같은 표면 레벨에서의 단문화된 구조를 보여 주고 있다고 할 수 있다.

또한 (28c), (29c)는 내포절의 동사인 「借り(kari)」, 「買(ka)」와 주절동사인 「行(i)」 사이에 장소를 나타내는 「図書館に(도서관에)」나 때를 나타내는 「明日(내일)」과 같은 부사들이 개입하지 않고 있기 때문에 적격문이며, (28d), (29d)는 내포절의 동사인 「借り(빌리)」,

「買(사)」와 주절동사인 「行(가)」 사이에 장소를 나타내는 「図書館に(도서관에)」나 때를 나타내는 「明日(내일)」이라는 부사가 개입하고 있기 때문에 부적격문이라고 설명할 수 있다. 다시 말해, (28d), (29d)의 부적격성은 인접성을 위반하고 있기 때문에 (28a), (29a)에 재구조화 현상이 나타나지 않는다고 생각할 수 있다.

이상과 같은 Miyagawa의 논의에는 주목해야만 하는 두 가지 주장이 있다. 하나는 (25c)에 두 개의 의미해석이 가능하다는 사실로부터, 재구조화는 수의적인 현상이라는 주장이다. 다른 하나는 부사가 내포절의 동사와 주절동사 사이에 개입하는 경우인 (25d)에서는 「自轉車で行った(자전거로 갔다)」라는 의미해석이 나오지 않고, (28d), (29d)가 부적격문이라는 사실로부터 재구조화 현상에는 인접성 제약(adjacency constraint)이 엄수되어야만 한다는 주장이다.

그러나 Miyagawa가 제시한 여러 증거들은 Miyagawa 자신도 언급했듯이, 운동동사(motion verb) 가운데에서도 「行く(가다)」와 「來る(오다)」가 주절동사의 경우에 한해서 적용될 수 있는 것들이며, 다른 운동동사가 주절동사로서 나타날 경우에는 「行く(가다)」와 「來る(오다)」의 경우와는 다른 결과가 나온다는 사실은 논의의 과제로 남는다.

일본어 연구에 있어서, 재구조화 현상에 대한 본격적인 논의는 Miyagawa(1986) 이외에는 거의 이루어지고 있지 않고 있지만, 일본어에도 재구조화 현상이 존재하고 있다는 암묵적인 혹은 간접적인 시사를 해 주고 있는 연구들이 있다. Muraki(1978), 柴谷(1987), Koizumi(1995), 竹澤(2004) 등과 같은 연구들은 일본어에도 재구조화 현상이 존재한다는 전제를 염두에 둔 연구들이라 할 수 있다.

 단문과 복문에 관한 문법론

한편, 한국어 연구에 있어서 재구조화 현상에 대한 연구 또한 일본어의 경우와 비슷한 흐름을 보이고 있어, 재구조화 현상에 대한 연구는 Choe(1988)를 제외하고는 거의 찾아볼 수 없다. 2.1.5.절에서 간단히 언급한 Manzini(1983)의 재구조화 현상의 개념을 원용했다고 하는 서승현(2002)이나 양정석(1991/2005) 등의 연구를 찾아볼 수 있지만, 서승현이나 양정석이 사용하고 있는 「재구조화」라는 개념은 본서의 제1장에서 명시한 재구조화 현상의 개념과는 다른 개념이라고 할 수 있다.

2.3. 본서의 제안

2.1.절과 2.2.절에서는 구미 여러 언어들과 일한 양 언어에서 나타나는 재구조화 현상에 대한 연구의 흐름을 간략히 개관했다.

재구조화 현상에 대한 이들 많은 연구들이 명시적으로 혹은 암묵적으로 공유하고 있는 점 가운데 하나는 재구조화 현상은 수의적(optional)으로 나타난다는 것이다.

예를 들어 Rizzi(1978/1982)가 지적하고 있는 재구조화 현상의 수의성은 상술한 접어상승(clitic climbing) 현상과 목적어 전치(long object preposing) 현상을 그 근거로 한다.

(30) a. Piero verrà a parlarti di parapsicologia.　　　　　　(= (1))

　　　 "Piero will come to speak to you about parapsychology"

b. Piero ti verrà a parlae di parapsicologia.

(30a)와 (30b)는 주절동사가 「verrà」인 경우, 무액센트 대명사인 「ti」
는 내포절 동사인 「parlar」와 주절동사인 「verrà」 양쪽 모두에 접사
화될 수 있음을 보여 주고 있다. 이는 「verrà」문이 (30a)와 같은 복
문으로 기능하고 있음과 동시에 한편으로는 (30b)와 같은 단문으로
도 기능하고 있음을 보여 주고 있는 것이다. 그러므로 재구조화 현
상은 수의적인 현상이라고 생각할 수 있다. (30)과 똑같은 현상을
(31)에서 보여 주고 있는 목적어 전치 현상에서도 찾아볼 수 있다.

(31) a. Finalmente si comincerà a costruire le nuove case popolari.

$$(= (2))$$

"Finally PRO will begin to build the new council houses"

b. Finalmente le nuove case popolari si cominceranno a costruire.

(31a)와 (31b)는 「comincerà」문의 경우, 「le nuove case popolari」
라는 명사구는 내포절의 목적어인 「le nuove case popolari」로서 나
타날 수도 있지만, 주절의 주어 위치에도 나타날 수 있음을 보여
주고 있다. 이는 「comincerà」문은 (31a)와 같은 복문으로서 기능하
고 있음과 동시에, 한편으로는 (31b)와 같은 단문으로서도 기능하
고 있음을 보여 주고 있다. 그러므로 재구조화 현상은 수의적으로
나타나는 현상이라고 생각할 수 있다.

(32) a. 花子－が 図書館－に 雑誌－を 借りに 行－く。

하나코-Nom 도서관-loc 잡지-Acc 빌리러 가-Pres

"하나코가 도서관에 잡지를 빌리러 간다"

b. [s 花子i-が 図書館-に [s PROi 雑誌-を 借りに] 行-く]

하나코i-Nom 도서관-loc PROi 잡지-Acc 빌리러 가-Pres

c. 花子-が 図書館-に <u>雑誌-しか</u> 借りに 行か-な-い。

하나코-Nom 도서관-loc 잡지-sika 빌리러 가-Neg-Pres

2.2.절에서 보았듯이, (32b)는 (32a)의 구조를 나타내고 있으며, (32c)의 적격성은 PE문에 재구조화 현상이 나타난다는 사실을 보여 주고 있다. 그러나 (32a)와 같은 PE문은 단문과 같은 기능을 보여 줌과 동시에, 한편으로는 복문과 같은 기능을 보여 주고 있음을 관찰할 수 있다.

(33) a. 太郎-が 神田-に 本-を 自轉車で 買いに 行っ-た。

타로우-Nom 칸다-loc 책-Acc 자전거로 사러 가-Past

"타로우가 칸다에 책을 자전거로 사러 갔다"

b. [s 太郎i-が 神田-に [s PROi 本-を 自轉車で 買い に] 行っ-た]

타로i우-Nom 칸다-loc PROi 책-Acc 자전거ins 사러 가-Past

c. ? 太郎-が 本-を 自轉車で 買いに、神田-に 行っ-た。

타로우-Nom 책-Acc 자전거로 사러 칸다-loc 가-Past

d. 太郎-が 神田-に 本-を 買いに、自轉車で 行っ-た。

타로우-Nom 칸다-loc 책-Acc 사러, 자전거로 가-Past

(34) a. [s 太郎i－が [s PROi 本－を 自轉車로 買いに] 神田－
に 行っ－た]

타로우i－Nom PROi 책－Acc 자전거로 사러 칸다－loc
가－Past

b. [s [太郎－が] [神田－に] [本－を] [買いに] [自轉車로]
[行っ－た]]

타로우－Nom 칸다－loc 책－Acc 사러 자전거로 가－Past

(33b)는 (33a)의 구조를 보여 주고 있다.

(33c)와 (33d)는 (33a)에서 나타날 수 있는 의미해석이며, (34a)와
(34b)는 각각 (33c)와 (33d)의 의미해석이 나타나는 통사구조를 보
여 주고 있다. 즉, (33c)의 의미해석은 (34a)와 같은 복문구조에서
나타나는 의미해석이고, (33d)의 의미해석은 (34b)와 같은 단문구조
에서 나타나는 의미해석이라고 생각할 수 있다. 그러므로 재구조화
현상은 수의적으로 나타나는 현상이라고 생각할 수 있다.

그러나 재구조화 현상의 유무에 대한 설명으로서, 이상에서 언급
한 재구조화 현상에 대한 수의성을 받아들이게 되면 이는 임시방
편적(ad hoc)인 설명으로밖에 될 수 없다는 사실이 문제로 대두된다.

예를 들어, (35c)의 적격성과 (35d)의 부적격성은 (35c)는 인접성
조건을 지키고 있지만, (35d)는 인접성 조건을 지키고 있지 않기 때
문이라고 설명할 수 있다.

(35) a. 花子－が 図書館－に 雜誌－を 借りに 行－く。

하나코－Nom 도서관－loc 잡지－Acc 빌리러 가－Pres

"하나코가 도서관에 잡지를 빌리러 간다"

b. [s 花子i-が 図書館-に [s PROi 雜誌-を 借りに] 行-く]
하나코i-Nom 도서관-loc PROi 잡지-Acc 빌리러 가-Pres

c. 花子-が 図書館-に 雜誌-しか 借りに 行か-な-い。
하나코-Nom 도서관-loc 잡지-sika 빌리러 가-Neg-Pres

d. *花子-が 雜誌-しか 借りに 図書館-に 行か-な-い。
하나코-Nom 잡지-sika 빌리러 도서관-loc 가-Neg-Pres

그러나 (35c)의 적격성과 (35d)의 부적격성은 인접성 조건의 문제와는 무관하게, 재구조화 현상은 수의적이므로 (35c)에는 재구조화 현상이 나타나고 (35d)에는 재구조화 현상이 나타나지 않기 때문이라고 설명할 수 있게 된다.

재구조화 현상이 나타나기 위해서는 인접성 조건이 반드시 지켜져야 된다는 Miyagawa(1986)의 주장이 틀린 방향이 아니라면, 재구조화 현상이 수의적이라는 설명은 받아들일 수가 없다. 또한 본서의 본론에서도 제시하고 있는 한국어 자료에서도 재구조화 현상의 유무는 수의적으로 선택되는 현상이 아니라고 생각할 만한 근거를 찾아볼 수 있다.

이상과 같은 이유로 본서에서는 재구조화 현상이 수의적으로 나타나는 현상이라는 종래의 지적은 받아들이지 않고, 아래 (36)에서 보여 주고 있는 것처럼, 재구조화 현상의 유무는 초기구조에 있어서 보부표시(CP) 위치를 포함하는 (36b)와 같은 통사구조 아니면, (36b)와 같은 통사구조의 차이에 의해 설명할 수 있음을 제시할 것이다.

(36)

a. 재구조화현상이 나타나는 통사구조

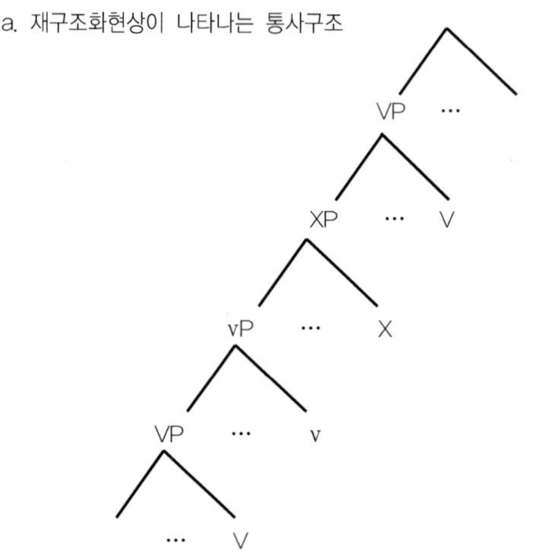

b. 재구조화현상이 나타나지 않는 통사구조

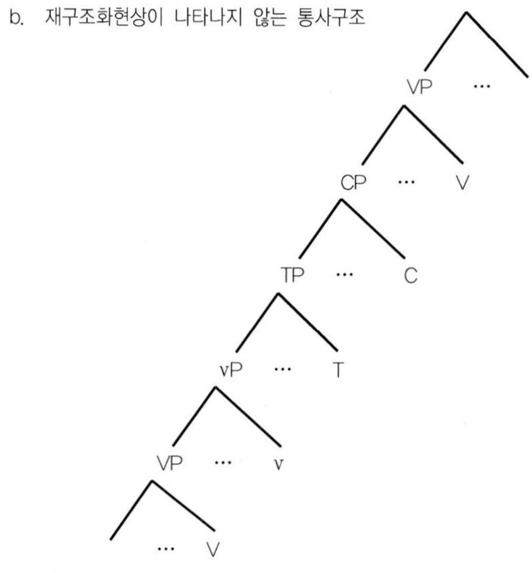

여기서 명시해 두겠으나, 본서에서 제안하고 있는 재구조화 현상의 유무가 초기구조의 차이로 다루어져야 한다는 발상과, 재구조화 현상이 나타날 수 있는 (36a)와 같은 초기구조와 재구조화 현상이 나타나지 않는 (36b)와 같은 초기구조에 대해서는 Wurmbrand(2001)의 논의로부터 힌트를 얻은 것이다.

단, 본서에서 제시해 나가는 (36a), (36b)의 통사구조와 Wurmbrand(2001)의 상이점은 (36a)와 같은 통사구조는 Wurmbrand의 어휘적 재구조화 동사문에서는 재구조화 현상이 나타나지 않고, 기능적 재구조화 동사문에서만 재구조화 현상이 나타나는 구조라는 점이다. 그러므로 vP가 나타나는 (36a)는 Wurmbrand의 시점에서 보면 수의적인 구조가 된다고 할 수 있다.

한편, 본서에서는 (36a)와 같은 통사구조에서는 반드시 재구조화 현상 나타나는 구조이다. 상술한 바와 같이, 재구조화 현상의 유무는 (36a)와 같은 통사구조인가 (36b)와 같은 통사구조인가에 의해 설명할 수 있다.

제3장

재구조화 현상과 어스펙트동사문

3.1. 서론

본 장에서 다루는 아스펙트동사문은 일본어의 「V−始める(hazimeru)/−續ける(tuzukeru)/−終わる(owaru)」문과 이와 대응하는 한국어의 「V−시작하다/−계속하다/−끝내다」문이다. 여기서는 이 중에서 일본어의 「V−始める」문과 한국어의 「V−시작하다」문을 중심으로 살펴보도록 하겠다.[28]

개시를 나타내는 일본어의 「V−始める(hazimeru)」문과 한국어의 「V−시작하다」문의 대응관계는 다음의 (1a)~(3a)와 (1b~3b), (1c~3c)에 제시되어 있는 바와 같이, 하나의 「V−始める(hazimeru)」문 형식에 대해서 2가지 형식의 「V−시작하다」문이 대응하여 나타난다.

(1) a. ゴジラ−が ウサギ−を 食べ−始め−た。

　　　고질라−Nom 토끼−Acc 먹 −hazime−Past

---

28) 일본어의 「始める(hazimeru)/続ける(tuzukeru)/終える(oeru)」와 같은 동사와, 한국어의 「시작하다/계속하다/끝내다」와 같은 동사는 그 자체로 어스펙트의 의미를 나타냄(본동사로서 기능)과 동시에, 「V−始める(hazimeru)」문, 「V−기−시작하다」문과 같이, 어떠한 동사에 나타나서, 그 동사문에 대해 자신이 갖는 어스펙트성을 부여할 수 있다. 「始める(hazimeru)/続ける(tuzukeru)/終える(oeru)」문의 경우, 寺村(1984)는 「3차적인 아스펙트」로서 분류하고 있으며, 影山(1993)는 아스펙트를 나타내는 「통사적인 복합동사」로서 다루고 있다.

b. 고질라가 토끼를 먹기 시작했다.

c. 고질라가 토끼를 먹기를 시작했다.

(2) a. 花子 － が 泣き － 始め － た。

하나코 － Nom 울 － hazime － Past

b. 하나코가 울기 시작했다.

c. 하나코가 울기를 시작했다.

(3) a. 車 － が 壞れ － 始め － た。

차 － Nom 고장 나 － hazime － Past

b. 차가 고장 나기 시작했다.

c. 차가 부서지기를 시작했다.

(1a)～(3a)와 (1b～3b)－(1c～3c)가 보여 주고 있는 일본어의 「V－始める」문과 한국어의 「V－시작하다」문의 대응관계에 있어 주의해야 할 점은, 이와 같은 대응관계가 어디까지나 「V－始める」문과 「V－시작하다」문의 표면 레벨에서의 대응관계라는 점이다.

양자의 이와 같은 대응관계는 다음의 (4)와 같이 정리해 볼 수 있다.

(4)

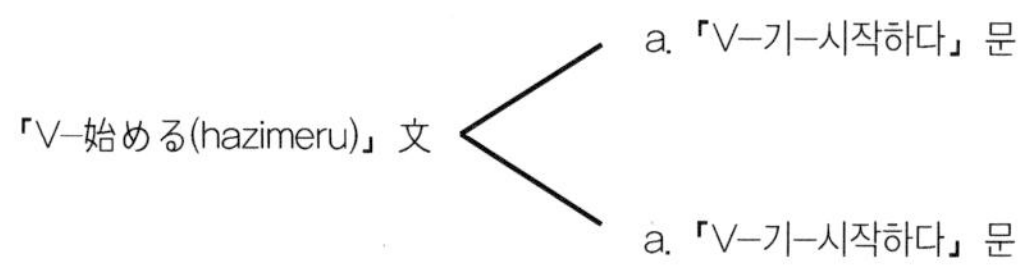

(4)가 보여 주고 있듯이, 한 가지 표면형으로 나타나는 일본어의 「V-始める(hazimeru)」문에 대해, 두 가지 표면형으로 나타나는 한국어의 「V-기-시작하다」문과 「V-기-를-시작하다」문의 차이는 표면적으로는 대격 「을/를」이 존재하고 있는지 아닌지의 차이로 환원된다.

이와 같은 표면형의 차이는 [V-기-시작하다]문이 단순히 [V-기-를-시작하다]문에서 대격 「을/를」을 생략한 문이라는 가능성을 남겨 두기는 하나, 때(時)를 나타내는 부사의 동일 위치에서 나타나는지의 여부를 살펴보면, 양자가 통사적으로 다르다는 사실을 확인할 수 있다.

(5) a. *사자가 토끼를 먹기 <u>아침부터</u> 시작했다.

    b. 사자가 토끼를 먹기를 <u>아침부터</u> 시작했다.

「V-기-시작하다」문이 「V-기-를-시작하다」문에서 단순히 대격 「을/를」을 생략한 문이라고 한다면, 「V-기-를-시작하다」문인 (5b)가 적격문인 것처럼, 「V-기-시작하다」문인 (5a) 역시 적격문이어야 하지만, (5a)는 부적격문으로 나타나고 있다.

이와 같은 사실은 「V-기-시작하다」문과 「V-기-를-시작하다」문의 차이가, 단순히 표면적으로 대격이 나타나는가 나타나지 않는가라는 문제가 아닌, 표층 레벨과는 다른 레벨에서의 통사상의 문제라는 사실을 시사한다.

따라서 재구조화 현상의 유무라는 관점에서 볼 때, 「V-기-시작하다」문에서는 재구조화 현상이 나타나는 반면, 「V-기-를-시작하다」문에서는 재구조화 현상이 나타나지 않는다고 가정한다면, 제2장에서 논한 바와 같이 재구조화 현상의 유무는 수의적인 현상이 아니라, 구조적인 차이에 기인하는 현상으로 논의할 수 있는 가능성이 열리게 된다(이와 같은 가능성에 대한 상세한 내용은 제6장에서 언급하고 있다.).

본 장에서는 일본어와 한국어의 「V−어스펙트동사」문에 있어서 재구조화 현상이 관찰된다는 사실을 경험적으로 제시함과 동시에, 대격이 나타나지 않는 한국어의 「V−기−시작하다」문에는 재구조화 현상이 관찰되지만, 대격이 나타나는 「V−기−를−시작하다」문에는 재구조화 현상이 관찰되지 않는다는 사실을 명시하고, 「재구조화 현상은 대격에 의해 차단된다」라는 「대격」제약을 제시할 것이다.

또한 논의의 과정에서 재구조화 현상이 나타나는 일본어의 「V−始める(hazimeru)」문과 한국어의 「V−기−시작하다」문, 재구조화 현상이 나타나지 않는 일본어의 「V−始める(hazimeru)」문과 한국어의 「V−기−를−시작하다」문을 제시함으로써, 한 가지 표면형으로 나타나는 일본어의 「V−始める」문과 이에 대해 두 가지 표면형으로 대응하여 나타나는 한국어의 「V−기−시작하다」문과 「V−기−를−시작하다」문에는 재구조화 현상의 유무라는 관점에서, 다음의 (6)과 같은 대응관계가 존재한다는 사실을 제시할 것이다.[29]

---

[29] (5)에서 제시한 바와 같이, 한국어의 「V−기−시작하다」문과 「V−기−를−시작하다」문은 구조적으로 서로 다른 문이다. 이 사실을 염두에 둔다면, (6)에서 제시하고 있는 바와 같이, 재구조화 현상의 유무라는 관점에서 한국어의 「V−시작하다」문과 일본어의 「V−始める」문이 각각 한 쌍의 대응관계를 이룬다는 사실은 일본어의 「V−始める」문과 한국어의 「V−기−시작하다」문, 「V−기−를−시작하다」문처럼, 초기구조에서는 서로 다른 두 가지 구조로 존재하고 있을 가능성이 있다. 이와 같은 가능성에 대해서는 제6장에서 언급하고 있다.

  단문과 복문에 관한 문법론

(6) a. 재구조화 현상이 나타나는 「V－기－시작하다」문 vs 재구
조화 현상이 나타나는 「V－始める(hazimeru)」문

b. 재구조화 현상이 나타나지 않는 「V－기－를－시작하다」文
vs 재구조화 현상이 나타나지 않는 「V－始める(hazimeru)」文

위와 같은 논의에 들어가기에 앞서, 우선 일본어의 「V－始める(hazimeru)」문과 한국어의 「V－시작하다」문이 동일한 층위에서 다룰 수 있는 문이라는 점을, 어휘 레벨, 문 레벨의 대응관계로부터 살펴보도록 하자.

3.2. 「V－始める(hazimeru)」문과 「V－시작하다」문의 이동(異同)

3.2.1. 어휘 레벨의 대응관계

개시를 나타내는 일본어와 한국어의 어스펙트동사문인 「始める(hazimeru)」문과 「시작하다」문은 동일한 의미해석과 기능을 보여 준다.

(7) a. 太郎－が 勉強－を 始め－た。

타로우－Nom 공부－Acc hazime－Past

"타로우가 공부를 시작했다"

b. 타로우가 공부를 시작했다.

(8) a. アメリカ－が 攻撃－を 始め－た。

　　　미국－Nom 공격－Acc hazime－Past

　　　"미국이 공격을 시작했다"

　　b. 미국이 공격을 시작했다.

(7a)의 「始める(hazimeru)」 동사와 (8a)의 「시작하다」 동사는 둘 다 개시라는 어스펙트적 의미해석을 나타내며, 동작주(「太郎/타로우」, 「アメリカ/미국」)와 대상(「勉強/공부」, 「攻撃/공격」)이라는 의미역할(θ－role)을 부여하고 있다.

　일한 양 언어에 있어서, 이처럼 동등하게 대응하면서 본동사로서 기능하는 어휘적 어스펙트동사로는 (7), (8)과 같은 「始める(hazimeru)」 동사와 「시작하다」 동사 외에도, 계속의 의미를 나타내는 「續ける(tuzukeru)」 동사와 「계속하다」 동사, 종료의 의미를 나타내는 「終わる(owaru)」 동사와 「끝내다」 동사 등을 들 수 있다.

　이와 같은 양 언어에 있어서의 어스펙트동사의 대응관계는 다음의 <표 3－1>, <표 3－2>와 같이 정리해 볼 수 있다.

〈표 3－1〉 한일 양 언어의 어휘적 어스펙트동사의 대응관계

	자동사		타동사	
	일본어	한국어	일본어	한국어
개시	始まる (hazimeru)	시작되다	始める (hazimeru)	시작하다
계속	続く (tuzuku)	계속되다	続ける (tuzukeru)	계속하다
종료	終わる (owaru)	끝나다	終える (oeru)	끝내다

 단문과 복문에 관한 문법론

<표 3-2> 한일 양 언어의 어휘적 어스펙트동사의 대응관계

	자동사		타동사	
	일본어	한국어	일본어	한국어
개시	開始する (kaisisuru)	시작되다	開始する (kaisisuru)	시작하다
계속	継続する (keizokusuru)	계속되다	継続する (keizokusuru)	계속하다
종료	終了する (syuryousuru)	종료되다	終了する (syuryousuru)	종료하다

<표 3-1>은 한일 양 언어의 어스펙트동사 사이에는 각각의 대응관계가 성립한다는 사실과 함께, 이들 동사의 형태적인 측면이 서로 다르다는 사실을 보여 주고 있다. 다시 말해, 일본어의 어스펙트동사는 일본 고유어(和語)로 나타나지만, 한국어의 어스펙트동사는 「한자어(시작(始作), 계속(繼續))＋고유어(되다/하다)」와 고유어(끝나다/끝내다)로 나타나고 있다.

한편, <표 3-2>는 양 언어 모두 같은 한자어를 사용하는 어스펙트동사가 존재한다는 사실을 보여 주고 있다. 특히, 일본어의 경우는 자동사와 타동사라는 형태적인 대립이 존재하지 않으나, 한국어의 경우는 「-되다」와 「-하다」라는 자동사와 타동사의 형태적인 대립이 존재하고 있다는 사실을 보여 주고 있다.

3.2.2. 문 레벨의 대응관계

일본어의 「始める(hazimeru)」 동사와 한국어의 「시작하다」 동사가 본동사로서 기능하고 있는 경우, 「始める(hazimeru)」문과 「시작

하다」문은 의미적으로도 통사적으로도 동등하게 대응한다.

(9) a. 太郎 – が 勉强 – を 始め – た。

　　 타로우 – Nom 공부 – Acc hazime – Past

　　 "타로우가 공부를 시작했다"

　 b. 타로가 공부를 시작했다.

(10) a. 母 – が ケーキ – を 作 – る – こと – を 始め – た。

　　 엄마 – Nom 케이크 – Acc 만 – Pres – Cp – Acc hazime – Past

　　 "엄마가 케이크를 만드는 일을 시작했다"

　 b. 엄마가 케이크를 만드는 일을 시작했다.

(11) a. 父 – が ゴミ – を 拾 – う – こと – を 始め – た。

　　 아버지 – Nom 쓰레기 – Acc 줍 – Pres – Cp – Acc hazime – Past

　　 "아버지가 쓰레기를 줍는 일을 시작했다"

　 b. 아버지가 쓰레기를 줍는 일을 시작했다.

(12) a. [s 母i – が [cp [s PROi ケーキ – を 作 – る] – こと] – を 始め – た]

　　 엄마 – Nom 케이크 – Acc 만 – Pres – Cp – Acc hazime – Past

　 b. [s 엄마i – 가 [cp [s PROi 케이크 – 를 만드 – 는] 일]을 시작했다]

(13) a. [s 父i – が [cp [s PROi ゴミ – を 拾 – う] – こと] – を 始

め－た]

   아버지－Nom 쓰레기－Acc 줍－Pres－Cp－Acc hazime－Past

b. [s 아버지i－가 [cp [s PROi 쓰레기를 줍는] 일]을 시작했다]

(9)는 술어가 하나라는 사실과 그 술어의 의미역할로부터 「始め
る(hazimeru)」문과 「시작하다」문이 단문임을 보여 주고 있으며, (10)
과 (11)은 「こと(koto)」절을 취하는 경우와 「－일」절을 취하는 복
문임을 보여 주고 있다. (12)와 (13)은 각각 (10)과 (11)의 구조를 나
타내고 있다. 여기서 유의해야 할 점은 「こと」절과 「－일」절 뒤에
반드시 나타나야만 한다는 사실이다. 이는 다음 예 (14), (15)가 부
적격한 문으로 나타난다는 사실로부터도 확인할 수 있다.

(14) a. *母－が ケーキ－を 作－る－こと－∅ 始め－た。

       엄마－Nom 케이크－Acc 만드－Pres－Cp－∅ hazime－Past

       "엄마가 케이크를 만드는 일 시작했다"

    b. *엄마가 케이크를 만드는 일－∅ 시작하였다.

(15) a. *父－が ゴミ－を 拾－う－こと－∅ 始め－た。

       아버지－Nom 쓰레기－Acc 줍－Pres－Cp－∅ hazime－Past

       "아버지가 쓰레기를 줍는 일 시작했다"

    b. *아버지가 쓰레기를 줍는 일－∅ 시작하였다.

이와 같은 사실은 (10), (11)에서 어스펙트동사인 「始める(hazimeru)」
와 「시작하다」가 모두 「こと(koto)」절과 「－일」절을 내포절로 하는

복문의 주절동사임을 보여 준다고 할 수 있다.

3.2.3. 「V-始める(hazimeru)」문 vs 「V-시작하다」문

3.2.1.절과 3.2.2.절에서는 일본어의 「始める(hazimeru)」 동사와 한국어의 「시작하다」 동사가 본동사로서 기능하고 있을 때 나타나는 양자 간의 이동(異同)에 대해서 살펴보았다.

본 절에서는 동사 「始める(hazimeru)」가 보조동사로서 기능하고 있는 「V-始める」문과, 이에 대응하는 「V-시작하다」문 사이에 나타나는 이동에 대해서 살펴보도록 할 것이다.

3.1.절에서도 제시했던 바와 같이, 「V-始める(hazimeru)」문과 「V-시작하다」문은 표면적으로는 일대일의 대응관계를 이루지 않는다. 다시 말해, 아래의 (16)에서 보는 바와 같이, 하나의 「V-始める」문에 대해 「V-시작하다」문은 두 가지 형태로 대응관계를 보인다((16)은 3.1.절의 (4)의 재인용).

(16)

(16)이 보여 주고 있는 바와 같이, 일본어의 「V-始める」문에 대응하는 한국어의 「V-시작하다」문은 내포절 뒤에 대격이 나타나

는 「V-기-를-시작하다」문과, 대격이 나타나지 않는 「V-기-
시작하다」문이라는 두 가지 형태로 대응하여 나타난다.

그리고 이러한 「V-기-시작하다」문과 「V-기-를-시작하다」
문은 3.1.절에서 명시했던 바와 같이, 통사적인 면에서 서로 다른
현상을 보이는 구문이라고 할 수 있다(3.1.절의 (5)를 재인용).

(17) a. *사자가 토끼를 먹기 아침부터 시작했다.

　　　b. 사자가 토끼를 먹기를 아침부터 시작했다.

한편 일본어의 「V-始める(hazimeru)」문의 경우는 내포절 뒤에
대격이 나타나는 것을 허용하지 않는다.

(18) a. *ライオン-が キリン-を 追-い-を 始め-た。
　　　　사자-Nom 기린-Acc 쫓-Pres-Acc hazime-Past
　　　b. *花子-が 鐘-を つき-を 始め-た。
　　　　하나코-Nom 종-Acc 치-Acc hazime-Past

또한, 「V-始める(hazimeru)」문에는 보부표시도 허용되지 않는다.

(19) a. ライオン-が キリン-を 追-い-*こと/-*と/-*の-
　　　　を 始め-た。
　　　　사자-Nom 기린-Acc 쫓-Pres-Cp/-Cp/-Cp-Acc hazi
　　　　me-Past
　　　b. 花子-が 鐘-を つき-*こと/-*と/-*の-を 始め-た。

하나코 - Nom 종 - Acc 치 - <u>Cp</u>/ - <u>Cp</u>/ - <u>Cp</u> - Acc hazime
- Past

　여기서 보부표시에 관해서 잠시 언급하자면, 한국어의 「V - 시작하다」문에는 내포절의 동사와 「시작하다」 사이에 「- 기」가 의무적으로 나타나며, 「- 기」 뒤에 대격이 나타나는 경우와 그렇지 않은 경우의 모두가 가능하다.[30]

　(20) a. 사자가 기린을 <u>쫓기</u>(<u>- 를</u>) 시작했다.
　　　 b. *사자가 기린을 <u>쫓- Ø</u> 시작했다.

　(20)을 보면, 내포절 동사 뒤에 「- 기」가 나타나지 않는 경우인 (20b)는 부적격문으로 나타난다.

　한국어의 어스펙트동사문에는 「V - 시작하다」문 외에, 계속을 나타내는 「V - 계속하다」문과 종료를 나타내는 「V - 끝내다」문이 있으나(cf. 3.2.1.절의 <표 3 - 1>), 이들 문과 「V - 시작하다」문은 대격이 나타나는지 나타나지 않는지의 여부에 따라, 서로 다른 문법적 양상을 보인다.

　(21) a. *엄마가 케이크를 <u>먹기 - Ø</u> 계속했다.
　　　 b. 엄마가 케이크를 <u>먹기를</u> 계속했다.
　(22) a. *엄마가 케이크를 <u>먹기 - Ø</u> 끝냈다.

---

30) 한국어 연구에 있어서, 「- 기」가 어떠한 요소인가 하는 것에 관해서는 명사화접사, 보부표시, 어스펙트표시 등과 같이 다양한 논의가 이루어지고 있으나, 본 장에서는 「- 기」를 절을 도입하는 요소로 정의하고 잠정적으로 보부표시라고 가정해 두고 있다.

　　　b. 엄마가 케이크를 먹기를 끝냈다.

(23) a. 엄마가 케이크를 먹기－∅ 시작했다.

　　　b. 엄마가 케이크를 먹기를 시작했다.

　(21)은 「V－계속하다」문을 나타내고 있으며, (22)는 「V－종료하다」문을 나타내고 있다.

　(21a), (22a)가 부적격한 문이라는 사실과, (21b), (22b)가 적격한 문이라는 사실은 「V－계속하다」문과 「V－종료하다」문 모두 「V－기」 뒤에 대격이 의무적으로 나타나야만 한다는 사실을 보여 주고 있다 . 이는 「V－시작하다」문((23a), (23b))의 경우 「－기」표시 뒤에 대격이 나타나는 경우와 나타나지 않는 경우가 모두 가능했던 점과는 대조적인 현상이다.[31]

　한편, 일본어의 「V－續ける(tuzukeru)」문과 「V－終える(oeru)」문의 경우는 위에서 언급한 「V－始める」문과 같은 문법적 양상을 보인다.[32]

3.3. 선행연구

　종래 일본어의 「V－始める(hazimeru)」문과 한국어의 「V－시작하

---

31) 이와 같은 현상은 「始める(hazimeru)」문과는 달리, 「V－續ける(tuzukeru)」문과 「V－終える(oeru)」문에 대응하는 한국어 형태가 각각 「V－기－를－계속하다」문과 「V－기－를－종료하다」문이라는 사실을 나타낸다.

32) 본서에서는 논의의 편의상 이들 문에 대한 예시는 생략할 것이다.

다」문은 복문으로 분석되어 왔다(cf.井上(1976), 影山(1993), 久野(1983), Shibatani(1973), 柴谷(1978), 박승윤(1984) 등).

본 절에서는 이들 선행연구 가운데 Shibatani(1973)와 박승윤(1984)을 들어, 일본어의 「V-始める(hazimeru)」문과 한국어의 「V-시작하다」문이 어떻게 분석되고 있는지를 간략하게 살펴보도록 할 것이다.

Shibatani(1973)는 일반적으로 복문에서 표면적으로 나타나는 동사형태가 타동사인 경우는 타동사 구조를 취하는 한편, 자동사인 경우는 자동사 구조를 취한다고 지적하고 있다.[33]

예를 들면 다음의 (24a-c)의 경우, (25a-c)에서 보는 바와 같이, (24a)는 타동사형인 「終え」의 주어로서 「ジョン(동작주)」이 나타나는 타동사 구조(25a)이기 때문에 적격문이고, (24b-c)는 자동사형인 「終わ(owa)」의 주어가 나타나지 않는 자동사 구조(25b-c)이기 때문에 적격문이라고 설명할 수 있다.

(24) a. ジョン-は 本-を 讀み-終え-た。

　　　존-Top 책-Acc 읽-oe-Past

　　　"존은 책을 읽음을 끝냈다"

　　b. ジョン-は 本-を 讀み-終わっ-た。

　　　존-Top 책-Acc 읽-owat-Past

　　　"존은 책을 읽음을 끝났다"

　　c. ブランコ-は 搖れ-終わっ-た。

---

33) Shibatani(1973), 柴谷(1978)가 언급하고 있는 타동사 구조와 자동사 구조는 각각 GB 이후의 컨트롤 구조와 상승 구조에 대응되는 구조이다.

그네 - Top 흔들리 - owat - Past

"그네는 흔들림이 다 끝났다"

d .*ブランコ - は 搖れ - 終え - た。

그네 - Top 흔들리 - owet - Past

"그네는 흔들림을 끝냈다"

(25) a. [s ジョン [s ジョン 本 讀む] 終え]

존 존 책 읽 oe

b. [s [s ジョン 本 讀む] 終わ]

존 책 읽다 owa

c. [s [s ブランコ 搖れ] 終わ]

그네 흔들림 owq

d. [s ブランコ [s ブランコ 搖れ] 終え]

그네 그네 흔들림 oe

이와 같이, 일반적으로는 표면적인 동사형태가 타동사인 경우는
타동사 구조를 취하고, 자동사인 경우는 자동사 구조를 취한다고
생각할 수 있으나, Shibatani는 「V - 始める(hazimeru)」문의 경우에
는 타동사 구조와 자동사 구조의 양쪽 모두의 분석이 가능하다고
지적하고 있다.

「V - 始める(hazimeru)」문이 타동사 구조를 갖는다는 증거로 제
시하고 있는 Shibatani의 증거는 능력을 나타내는 형태소 「られ
(rare)/れ(re)」, 명령형과 요구를 나타내는 「ください(kudasai)」, 의지
를 나타내는 「つもり(tumori)」와 「V - 始める(hazimeru)」와의 결합

가능 여부이다.

(26) a. 私 - は (いつも)本 - を 讀み - 始め - られ - る。

　　　 나 - Top (언제나)책 - Acc 읽 - hazime - rare - Pres

　　　 "나는 (언제나)책을 읽을 수 있다"

　　 b. *あなた - は お金 - が い - られ - る。

　　　 당신 - Top 돈 - Nom 필요하 - rare - Pres

　　　 "당신은 돈이 필요할 수 있다"

(27) a. 今すぐ 本 - を 讀み - 始め - ろ！

　　　 지금 바로 책 - Acc 읽 - hazime - 개

　　　 "지금 바로 책기 시작해라!"

　　 b. *あなた - は お金 - が い - れ！

　　　 당신 - Top 돈 - Nom 필요하 - re

　　　 "당신은 돈이 필요해라!"

(28) a. 今すぐ 本 - を 讀み - 始め - て - ください。

　　　 지금 바로 책 - Acc 읽 - hazime - te - kudasai

　　　 "지금 바로 책을 읽기 시작해 주세요"

　　 b. *あたな - は お金 - が い - て - ください。

　　　 당신 - Top 돈 - Nom 필요하 - te - kudasai

　　　 "당신은 돈이 필요해 주세요"

(29) a. 私 - は 明日から 本 - を 讀み - 始め - る - つもり - だ。

나 – Top 내일부터 책 – Acc 읽 – hazime – Pres – tumori – da

"나는 내일부터 책을 읽기 시작하려고 한다"

b. *太郎 – は 寝過ぎ – る – つもり – だ。

타로우 – Top 너무 자 – Pres – tumori – da

"타로우는 너무 잘 생각이다"

(26a)~(29a)의 적격성과 (26b)~(29b)의 부적격성은 「V – 始める (hazimeru)」문이 타동사 구조라는 사실을 보여 주고 있다. 다시 말해, (26b)~(29b)가 부적격문인 이유는 상태동사인 「いる(iru)」가 동작주가 아닌 주어를 취하는 자동사 구조이기 때문이라고 설명할 수 있다. 한편 (26a)~(29a)가 적격문인 이유는 이들 문에서 「始める(hazimeru)」가 타동사로서 기능하고 있어서 주어로 동작주를 요구하고 있기 때문에 능력을 나타내는 형태소 「られ(rare)/れ(re)」, 명령형과 의지를 나타내는 「ください(kudasai)」, 「つもり(tumori)」와 결합 가능다고 설명할 수 있다.

(30) a. 花子 – は 太り – 始め – た。

하나코 – Top 살찌 – hazime – Past

"하나코는 살찌기 시작했다"

b. 太郎 – は 偉く なり – 始め – た。

타로우 – Top 훌륭히 되 – hazime – Past

"타로우는 훌륭히 되기 시작했다"

c. 太郎 – は 花子 – が 好きに なり – 始め – た。

타로우 – Top 하나코 – Nom 좋아 되 – hazime – Past

"타로우는 하나코가 좋아지기 시작했다"

위의 (30a)~(30c)에서 보여 주고 있는 「花子は太る(하나코는 살찌다)」, 「太郎は偉くなる(타로우는 훌륭해지다)」, 「太郎は花子が好きになる(타로우는 하나코가 좋아지다)」라는 이벤트는 주어가 축적한 사건의 결과로서 나타나는 것이므로, 타동사형 「始め(hazime)」의 주어(동작주)의 의지에 의해 컨트롤되지 않는다. 그럼에도 불구하고 (30a)~(30c)가 적격문인 것은 동작주를 타동사형 「始め(hazime)」의 주어로서 취하지 않는 자동사 구조이기 때문이라고 생각할 수 있다.

(30)의 「始める(hazime)」문이 자동사 구조라는 또 다른 증거는 상술했듯이, 능력을 나타내는 형태소 「られ(rare)/れ(re)」, 명령형과 의지를 나타내는 「ください(kudasai)」, 「つもり(tumori)」와의 결합이 허용되지 않는다는 사실이다.

(31) a. *花子 - は いつでも 太り - 始め - られ - る。

　　　 하나코 - Top 언제든지 살찌 - hazime - rare - ru

　　　 "하나코는 언제든지 살찌기 시작할 수 있다"

　 b. *太り - 始め - ろ!

　　　 살찌 - hazime - ro

　　　 "살찌기 시작해라!"

　 c. *太り - 始め - て - 下さ - い。

　　　 살찌 - hazime - te - kudasa - Pres

　　　 "살찌기 시작해 주세요"

d. *<u>太り－始め－る－つもり</u> です。

<u>살찌 － hazime － Pres － tumori</u>입니다

"살찌기 시작할 생각입니다"

(32) a. *太郎－は 偉く <u>なり－始め－られ</u>－る。

타로우－Top 훌륭히 <u>되 － hazime － rare</u> － Pres

"타로우는 훌륭히 되기 시작할 수 있다"

b. *偉く <u>なり－始め－ろ</u>!

훌륭히 <u>되 － hazime － re</u>

"훌륭히 되기 시작해라!"

c. *偉く <u>なり－始め－て</u>－下さ－い。

훌륭히 <u>되 － hazime － te</u> － kudasa － Pres

"훌륭히 되기 시작해 주세요"

d. *偉く <u>なり－始め－る－つもり</u> です。

훌륭히 <u>되 － hazime － Pres － tumori</u>입니다

"훌륭히 되기 시작할 생각입니다"

(33) a. *太郎は 花子が 好きに <u>なり－始め－られ</u>－る。

타로우는 하나코가 좋아 <u>되 － hazime － rare</u> － Pres

"타로우는 하나코가 좋아지기 시작할 수 있다"

b. *好きに <u>なり－始め－ろ</u>!

좋아 <u>되 － hazime － ro</u>

"좋아지기 시작해라!"

c. *好きに <u>なり－始め－て</u>－下さ－い。

좋아 <u>되</u> – hazime – te – kudasa – Pres

"좋아지기 시작해 주세요"

d. *好きに <u>なり – 始め – る – つもり</u> です。

좋아 <u>되</u> – hazime – Pres – tumori입니다

"좋아지기 시작할 생각입니다"

위와 같은 사실로부터, 「V – 始める(hazimeru)」문은 타동사 구조와 자동사 구조의 양쪽 모두의 구조를 갖는다고 생각할 수 있다. 이와 같은 「V – 始める(hazimeru)」문의 분석과 비슷한 결과가, 한국어의 「V – 시작하다」문에서도 관찰할 수 있다.

박승윤(1984)은 한국어의 「V – 시작하다」문이 자동사 구조로서도 타동사 구조로서도 분석될 수 있다는 사실을 지적하고 있다.

(34) a. 선수들이 호명되기 시작하였다.

  b. 철수가 모욕당하기 시작하였다

(35) a. 철수가 노래를 부르기 시작하였다.

  b. 철수가 공을 차기 시작하였다.

(34)는 내포절의 동사가 수동형으로 나타난 「V – 시작하다」문으로, (34a)와 (34b)는 각각의 내포절인 「선수들이 호명되다」와 「철수가 모욕당하다」라는 사건이 시작된다는 의미로 해석된다. 한편, (35)는 내포절의 동사가 타동사로, (35a)와 (35b)는 각각 주어(「철수」)가 내포절 「철수가 노래를 부르다」와 「철수가 공을 차다」라는 사

건을 개시한다는 의미로 해석된다. 이는 (34)는 「V – 시작하다」문이
자동사 구조에서 나타나는 의미해석이며, (35)는 「V – 시작하다」문
이 타동사 구조에서 나타내는 의미라고 생각할 수 있다.

이상, 일본어의 「V – 始める(hazimeru)」문과 한국어의 「V – 시작
하다」문은 모두 복문으로 분석되지만, 그 내부구조에 있어서는 자
동사 구조와 타동사 구조로 나누어질 수 있다는 사실을 살펴보았다.

그러나 「V – 始める(hazimeru)」문과 「V – 시작하다」문에는 위와
같이 복문의 자동사 구조로도 타동사 구조로도 분석할 수 없는 재
구조화 현상이 나타난 단문구조도 관찰할 수 있다. 이와 같은 사실
은 재구조화 현상이 선행연구에서 제시한 분석보다 더 표면적인
레벨에 있어서 관찰되는 현상임을 짐작하게 한다.

다음 3.4.절에서는 일본어의 「V – 始める(hazimeru)」문과 한국어
의 「V – 시작하다」문에 나타나는 이러한 재구조화 현상에 대해 구
체적으로 살펴보도록 할 것이다.

3.4. 재구조화 현상의 증거

본 절에서는 일본어의 「V – 始める(hazimeru)」문과 한국어의 「V –
시작하다」문에서도 재구조화 현상이 나타난다는 사실을 명시할 것
이다. 특히, 하나의 표면형으로 나타나는 일본어의 「V – 始める
(hazimeru)」문에서는 재구조화 현상이 나타나는 경우와 나타나지
않는 경우가 각각 관찰된다는 사실을 제시하고, 두 가지 표면형으

로 나타나는 한국어의 「V – 시작하다」문에 대해서는 「V – 기 – 시작
하다」문에서는 재구조화 현상이 나타나는 데 반해, 대격이 나타나
는 「V – 기 – 를 – 시작하다」문에서는 재구조화 현상이 나타나지 않
는다는 사실을 제시할 것이다.

　이와 같은 사실은 재구조화 현상의 유무라는 관점에서 볼 때, 재
구조화 현상이 나타나는 「V – 始める(hazimeru)」문과 「V – 기 – 시
작하다」문의 대응관계, 재구조화 현상이 나타나지 않는 「V – 始め
る(hazimeru)」문과 「V – 기 – 를 – 시작하다」문의 대응관계가 존재한
다는 사실을 보여 준다고 할 수 있을 것이다.

　이와 같은 사실을 명시하기 위해 본 절에서 다룰 증거들은 수동
화 현상, 존경어법 현상, NPI와 Neg의 분포 현상, 삽입어(구) 현상,
「だけ」와 Neg의 스코프(scope) 현상, 「만」과 Neg의 스코프 현상이다.

　일본어와 한국어의 「V – 어스펙트동사」문이 단문으로서 기능한
다는 사실은 시제 형태를 포함하고, 보부 표시가 나타나 있는 완전
한 절(full clause)의 복문과 대비시켜 봄으로써 보다 명확하게 관찰
할 수 있다.

3.4.1. 「V – 始める(ahzimeru)」문

3.4.1.1. 수동화 현상

「V – 始める(hazimeru)」문에 나타나는 수동화 현상을 관찰하기에
앞서, 먼저 수동화 현상이라는 것이 일반적으로는 하나의 절 안(국
소적인 영역)에서 나타나는 현상이라는 사실을 확인해 보도록 하자.[34]

일본어의 수동형「られ(rare)」는 이것이 연결되는 동사에 대해 두 가지 영향을 미친다고 지적되어 왔다(cf.竹澤(1991), 影山(1993), 三原(2004)). 하나는 외항의 억제이며, 또 하나는 내항에 부여되는 격의 흡수이다. 예를 들면, (36a)의 동사「はね(hane)」에 수동형「られ」가 연결된 (36b)를 보면, (36a)의 동사「はね」의 외항(「トラック(트럭)」의 위상이 격하되고, (36a)의 대격은 흡수되어 주격(「が(ga)」)에 의해 표시되는 이른바 격교체라고 불리는 현상이 일어난다.

(36) a. トラック-が 猫-を はね-た。

　　　　트럭-Nom 고양이-Acc 치-Past

　　　　"트럭이 고양이를 치었다"

　　b. (トラックに) 猫-が はね-られ-た。

　　　　(트럭에) 고양이-Nom 치-Pass-Past

　　　　"(트럭에) 고양이가 치었다."

(36)의 수동화 현상은 단문 안에서 나타나고 있다. 이는 일반적으로 수동화 현상은 국소적 영역에서 나타난다는 사실을 말해 준다. 이와 같은 사실은 시제 형태를 포함하고 있는「こと(koto)」절,「と(to)」절과 같은 복문에서, 내포절의 동사에 수동형이 연결되면, 내포절의 목적어가 대격이 아닌 주격으로 나타난다는 사실로부터 더욱 명확해진다.

---

34) 본서에서는 직접수동 현상에 대해서만 언급하도록 한다. 일본어의 직접수동화 현상에 대해서는 대상으로 삼는 구문에 따라 몇 가지 분석방법이 가능하다. 예를 들면, Nagai(1991)는 일본어의「思う」동사의 수동문에(일본어에는 일치자질이 존재하지 않는다는 이론적인 배경이 있기는 하나) 대주어(major subject)가 존재한다고 주장하고 있다. 본서에서는 변형문법 이후, 전통적으로 생성문법에서 다루고 있는 분석법을 따르고 있다.

(37) a. 花子－は 太郎－が マンガ－を 讀－む－こと－を 望ん－だ。

　　　하나코－Top　타로우－Nom　만화－Acc　읽－Pres－Cp－Acc 원하－Past

　　　"하나코는 타로우가 만화를 읽는 것을 원했다"

　　b. [s 花子－は [s 太郎－が マンガ－を 讀－む－こと]－を 望ん－だ]

　　　하나코－Top　타로우－Nom　만화－Acc　읽－Pres－Cp－Acc 원하－Past

　　c. 花子－は [(太郎によって) マンガ－が 讀－まれ－る－こと]－を 望ん－だ。

　　　하나코－Top(타로우에 의해)만화－Nom 읽－Pass－Pres－Cp－Acc 원하－Past

　　d. ??花子－は [(太郎によって) マンガ－を 讀－まれ－る－こと]－を 望ん－だ。

　　　하나코－Top(타로우에 의해)만화－Acc 읽－Pass－Pres－Cp－Acc 원하－Past

(38) a. 太郎－は 花子－が 論文－を 書い－た－と 聞い－た。

　　　타로우－Top 하나코－Nom 논문－Acc 쓰－Past－Cp 듣－Past

　　　"타로우는 하나코가 논문을 썼다고 들었다"

　　b. [s 太郎－は [s 花子－が 論文－を 書い－た－と]－を 聞い－た]

　　　타로우－Top　하나코－Nom　논문－Acc 쓰－Past－Cp－Acc 듣－Past

　　c. 太郎 － は [s(花子によって) 論文 － が 書 － かれ － た] － と
　　　　聞い － た]

　　　　타로우 － Top (하나코에 의해)논문 － Nom 쓰 － kare － Past －
　　　　Cp 듣 － Past

　　d. ??太郎 － は [s(花子によって) 論文 － を 書 － かれ － た] －
　　　　と 聞い － た]

　　　　타로우 － Top (하나코에 의해)논문 － Acc 쓰 － kare － Past －
　　　　Cp 듣 － Past

　(37b), (38b)는 각각 (37a), (38a)의 구조를 보여 주고 있다.

　(37c), (38c)는 내포절의 동사(「讀(읽)」, 「書(쓰)」)에 수동형 「られ
(rare)」가 연결되어, 내포절의 목적어(「マンガ(만화)」, 「論文(논문)」)
가 대격이 아닌 주격(「が(ga)」)으로 나타나고 있기 때문에 적격문이
된다고 설명할 수 있다. 한편, (37d), (38d)는 내포절 동사(「讀(읽)」,
「書(쓰)」)에 수동형「られ(rare)」가 연결되어 있음에도 불구하고, 내
포절의 목적어(「マンガ(만화)」, 「論文(논문)」)가 그대로 대격으로 나
타나고 있으므로 부적격문이라고 설명할 수 있다.

　또한, 주절동사에 수동형이 나타날 경우에는 「こと(koto)」절이 대
격이 아닌 주격으로 표시되어야만 한다.

(39) a. 花子 － は 太郎 － が マンガ － を 讀 － む － こと － を 望ん －
　　　　で － いる。

　　　　하나코 － Top 타로우 － Nom 만화 － Acc 읽 － Pres － Cp －
　　　　Acc 원하 － de － 있다

"하나코는 타로우가 만화를 읽는 것을 원하고 있다"

b. (花子によって) [s 太郎 - が マンガ - を 讀 - む - こと] -
が 望 - まれ - て - いる。

(하나코에 의해) 타로우 - Nom 만화 - Acc 읽 - Pres - Cp -
Nom 원하 - Pass - te - 있다

c. *(花子によって) [s 太郎 - が マンガ - を 讀 - む - こと] -
を 望 - まれ - て - いる。

(하나코에 의해) 타로우 - Nom 만화 - Acc 읽 - Pres - Cp -
Acc 원하 - Pass - te - 있다

(39b)는 주절동사(「望(nozo)」)에 수동형(「られ(rare)」)이 연결되어,
내포절의 대격이 주격으로 나타나기 때문에 적격문이라 설명할 수
있다. 한편, (39c)는 주절동사(「望(nozo)」)에 수동형(「られ(rare)」)이
연결되어도 내포절의 대격은 그대로 나타나고 있기 때문에 부적격
문이 된다고 설명할 수 있다.

(37), (38)과 (39)의 이와 같은 사실 역시, 수동화는 국소적 영역
안에서 나타나는 현상이라는 사실을 보여 주고 있다. 그러므로 수
동화 현상에 나타나는 대격과 수동형의 국소적 관계는 다음의 (40)
과 같이 형식화할 수 있다.

(40)

a. 〔s 〔s ・・・목적어–<u>Acc</u>・・・V–<u>Pass</u> 〕 V 〕
   └─ ○ ─┘

b. 〔s 〔s ・・・목적어–<u>Acc</u>・・・V〕 V–<u>Pass</u> 〕
   └─ × ─┘

수동화 현상에 대한 (40)과 같은 사실을 염두에 두고, 「こと(koto)」 절의 「始める(hazimeru)」문과 「V – 始める(hazimeru)」문의 수동화 현상을 관찰해 보도록 하자.

(41) a. [s 太郎 – が ボール – を 投げ – る – こと] – を 始め – た。

　　 타로우 – Nom 공 – Acc 던지 – Pres – Cp – Acc 시작하 – Past

　 b. ボール – が 投げ – られ – る – こと – <u>が</u> 始まっ – た/– *<u>を</u> 始め – た。

　　 공 – <u>Nom</u> 던지 – Pass – Pres – Cp – <u>Nom</u> hazima – Past/– *<u>Acc</u> hazime – Past

　　 "공이 던져지는 일이 시작되었다/일을 시작했다"

　 c. *ボール – <u>を</u> 投げ – られ – る – こと – <u>が</u> 始まっ – た/– を 始め – た。

　　 공 – <u>Acc</u> 던지 – Pass – Pres – Cp – <u>Nom</u> hazima – Past/– *<u>Acc</u> hazime – Past

　 d. ボール – を 投げ – る – こと – <u>が</u> 始め – られ – た。

　　 공 – Acc 던지 – Pres – Cp – <u>Nom</u> hazime – Pass – Past

　　e. *ボール－が　投げ－る－こと－<u>が</u>　始め－<u>られ</u>－た。

　　　　공－Nom　던지－Pres－Cp－<u>Nom</u>　hazime－Pass－Past

(42) a. 太郎－が　ボール－を　投げ－始め－た。

　　　　타로우－Nom　공－Acc　던지－hazime－Past

　　　　"타로우가 공을 던지기 시작했다"

　　b. [s 太郎i－が [s PROi ボール－を 投げ]－始め－た]

　　　　타로우－Nom　공－Acc　던지－hazime－Past

　　c. (太郎によって) ボール－<u>が</u>　<u>投げ－られ</u>－始め－た。

　　　　(타로우에 의해) 공－<u>Nom</u>　<u>던지</u>－Pass－hazime－Past

　　d. *(太郎によって) ボール－を　投げ－られ－始め－た。

　　　　(타로우에 의해) 공－<u>Acc</u>　<u>던지</u>－Pass－hazime－Past

　　e. (太郎によって) ボール－<u>が</u>　<u>投げ</u>－始め－られ－た。

　　　　(타로우에 의해) 공－<u>Nom</u>　<u>던지</u>－hazime－Pass－Past

　(41b), (41d)가 적격한 문인 데 반해, (41c), (41e)가 부적격한 것은 (40)에서 제시한 것과 같은 수동화 현상의 국소성으로부터 예측 가능하다. 또한 (42c)의 적격성과 (42d)의 부적격성도 마찬가지로 예측 가능하다. 이는 「V－始める(hazimeru)」문인 (42)가 「こと」절인 (41)과 같이 복문구조라는 사실을 의미한다. 그러나 (42e)가 적격한 문이라는 사실은 (40)의 예측을 벗어나는 결과이다. 다시 말해, (42e)는 주절동사 「始める(hazimeru)」에 수동형 「られ(rare)」가 연결되어 내포절의 목적어인 「ボール(공)」가 주격으로 표시되면 부적격한 문이 되리라고 예측할 수 있지만, (40)의 예측과는 달리 (42e)

는 적격한 문으로서 허용되고 있다.

지금까지의 예측을 유지하면서 (42e)가 적격문이라는 사실을 설명하기 위해서는 (42b)와 같은 복문구조인 「V－始める(hazimeru)」문 (42a)가 파생과정에서 단문화되었다고 생각하지 않을 수 없다. 따라서 (42e)의 적격성은 원래 (42b)와 같은 복문구조였던 「V－始める(hazimeru)」문 (42a)가 표면적으로는 (43)과 같은 단문구조로 재구조화되었다고 생각하지 않으면 안 된다.

(43) [s [주어] …… [V] [始める(hazimeru)]]

이하에서는 「V－始める(hazimeru)」문의 수동화 현상으로부터 확인할 수 있는 또 다른 재구조화 현상의 예들을 제시해 놓겠다.

(44) a. 花子－が 繪－を 描き－始め－た。

　　　하나코－Nom 그림－Acc 그리－hazime－Past

　　　"하나코가 그림을 그리기 시작했다"

　　b. *繪－を 描き－始め－られ－た。

　　　그림－Acc 그리－hazime－Pass－Past

　　c. 繪－が 描き－始め－られ－た。

　　　그림－Nom 그리－hazime－Pass－Past

(45) a. アインシュタイン－は タイムマシン－を 作り－始め－た。

　　　아인슈타인－Top 타임머신－Acc 만들－hazime－Past

　　　"아인슈타인은 타임머신을 만들기 시작했다"

　　b. *タイムマシン－を 作り－始め－られ－た。

　　　タイムマシン－Acc 万들－hazime－Pass－Past

　　c. タイムマシン－が 作り－始め－られ－た。

　　　타임머신－Nom 만들－hazime－Pass－Past

(46) a. *[s [繪]－を [描き－始め]－られ－た]

　　　그림－Acc 그리－hazime－Pass－Past

　　b. [s [繪]－が [描き－始め]－られ－た]

　　　그림－Nom 그리－hazime－Pass－Past

(47) a. *[s [タイムマシン]－を [作り－始め]－られ－た]

　　　타임머신－Acc 만들－hazime－Pass－Past

　　b. [s [タイムマシン]－が [作り－始め]－られ－た]

　　　타임머신－Nom 만들－hazime－Pass－Past

　(44a), (45a)가 적격문인 데 반해 (44b), (45b)가 부적격문인 이유는 각각 (46a), (47a)와 (46b), (47b)가 보여 주고 있는 단문구조로부터 설명할 수 있다.

　이와 같은 수동화 현상은 계속을 나타내는 「V－續ける(tuzukeru)」문과 종료를 나타내는 「V－終える(oeru)」문에서도 동일하게 나타난다.

(48) a. 花子－が 繪－を 描き－續け－た。

　　　하나코－Nom 그림－Acc 그리－tuzuke－Past

"하나코가 그림을 계속 그렸다"

b. [s 花子i－が [s PROi 繪－を 描き]－續け－た]

하나코－Nom 그림－Acc 그리－tuzuke－Past

c. 繪－が 描－かれ－續け－た。

그림－Nom 그리－Pass－tuzuke－Past

d. *繪－を 描き－續け－られ－た。

그림－Acc 그리－tuzuke－Pass－Past

e. 繪－が 描き－續け－られ－た。

(49) a. アインシュタイン－は タイムマシン－を 作り－續け－た。

아인슈타인－Nom 타임머신－Acc 만들－tuzuke－Past

"아인슈타인은 타임머신을 계속 만들었다."

b. [s アインシュタインi－は [s PROi タイムマシン－を 作り]－續け－た]

아인슈타인－Top 타임머신－Acc 만들－계속하－Past

c. タイムマシン－が 作－られ－續け－た。

타임머신－Nom 만들－Pass－tuzuke－Past

d. *タイムマシン－を 作り－續け－られ－た。

타임머신－Acc 만들－tuzuke－Pass－Past

e. タイムマシン－が 作り－續け－られ－た。

타임머신－Nom 만들－tuzuke－Pass－Past

　(48c), (49c)의 적격성은 「V－續ける(tuzukeru)」문이 복문구조라는 사실을 나타내며, (48d), (49d)가 부적격한 데 반해 (48e), (49e)가

적격하다는 사실로부터 「V-續ける(tuzukeru)」문이 단문구조라는 사실을 알 수 있다. 다시 말해, (48c), (49c)는 내포절의 동사인 「描(그리)」, 「作(만들)」에 수동형인 「られ(rare)」가 나타나면서, 같은 내포절 안의 목적어인 「繪-を(그림-을)」, 「タイムマシン-を(타임머신-을)」가 각각 「繪-が(그림-이)」, 「タイムマシン-が(타임머신-이)」와 같이 격교체가 이루어져 적격한 문이 된다고 설명할 수 있다.

한편, (48d), (49d)는 주절동사인 「續(tuzu)」에 수동형 「られ(rare)」가 나타나기 때문에, 동일절이 아닌 내포절의 목적어「繪-を(그림-을)」, 「タイムマシン-を(타임머신-을)」에는 어떠한 영향도 미치지 않을 것이라고 예측되지만, (48d), (49d)는 부적격문으로 나타난다. 또한 (48e), (49e)는 주절동사인 「續(tuzu)」에 수동형「られ(rare)」가 나타나기 때문에, 동일절이 아닌 내포절의 목적어「繪-を(그림-을)」, 「タイムマシン-を(타임머신-을)」이 「繪-が(그림-이)」, 「タイムマシン-が(타임머신-이)」와 같은 격교체를 보이고 있음에도 불구하고 적격문으로 나타난다. 따라서 (48d), (49d)의 부적격성과 (48e), (49e)의 적격성이 보여 주고 있는 현상 역시, 「V-續ける(tuzukeru)」문에도 재구조화 현상이 나타난다는 사실을 보여 주고 있다고 할 수 있다.

(50) a. 花子-が 繪-を 描き-終え-た。

　　　하나코-Nom 그림-Acc 그리-oe-Past

　　　"하나코가 그림을 다 그렸다"

　　b. [s 花子i-が [s PROi 繪-を 描き]-終え-た]

하나코 - Nom 그림 - Acc 그리 - oe - Past

c. ?繪 - <u>が</u> <u>描 - かれ</u> - 終え - た。

그림 - <u>Nom</u> <u>그리 - Pass</u> - oe - Past

d. *繪 - <u>を</u> 描き - <u>終え - られ</u> - た。

그림 - <u>Acc</u> 그리 - <u>oe - Pass</u> - Past

e. 繪 - <u>が</u> 描き - <u>終え - られ</u> - た。

그림 - <u>Nom</u> 그리 - <u>oe - Pass</u> - Past

(51) a. アインシュタイン - は タイムマシン - を 作り - 終え - た。

아인슈타인 - Nom 타임머신 - Acc 만들 - oe - Past

"아인슈타인은 타임머신을 다 만들었다"

b. [s アインシュタインi - は [s PROi タイムマシン - を 作り] - 終え - た]

아인슈타인 - Nom 타임머신 - Acc 만들 - oe - Past

c. ?タイムマシン - <u>が</u> <u>作 - られ</u> - 終え - た。

타임머신 - <u>Nom</u> <u>만들 - Pass</u> - oe - Past

d. *タイムマシン - <u>を</u> 作り - <u>終え - られ</u> - た。

타임머신 - <u>Acc</u> 만들 - <u>oe - Pass</u> - Past

e. タイムマシン - <u>が</u> 作り - <u>終え - られ</u> - た。

타임머신 - <u>Nom</u> 만들 - <u>oe - Pass</u> - Past

「V - 終える(oeru)」문의 수동화 현상을 보여 주는 (50)과 (51) 역시「V - 始める(hazimeru)」문과 「V - 續ける(tuzukeru)」문에 나타나는 재구조화 현상과 동일한 현상을 보여 주고 있다.

이상에서 제시한 「V-續ける(tuzukeru)」문과 「V-終える(oeru)」
문의 재구조화 현상으로부터, 이들 문에서도 「V-始める(hazimeru)」
문에 나타나는 재구조화 현상에 대해 제시했던 (43)과 똑같은 단문
구조를 상정할 수 있다.

(52) a. [s [주어] …… [V] [續ける(tuzukeru)]]
      b. [s [주어] …… [V] [終える(oeru)]]

3.4.1.2. 존경어법 현상

본 절에서는 일본어의 몇 가지 존경어 형태 중 「お(o)~になる
(ninaru)」를 들어, 「V-始める(hazimeru)」문이 보여 주는 「お(o)-V-
になり(ninari)-始める(hazimeru)」문과 「お(o)-V-始め(hazime)-に
なる(ninaru)」문과 대비시켜 봄으로써, 「V-始める(hazimeru)」문에
재구조화 현상이 나타난다는 사실을 명시할 것이다.

이와 같은 사실을 제시하기에 앞서, 먼저 존경어법 현상이란 일
반적으로 국소적 영역에서 나타나는 「주어」와 「V-H(honorable)」
의 일치 현상으로 생각할 수 있다는 사실을 보도록 하자.

(53) a. *田中先生-は [s 子供-が オモチャ-を お-買い-に
          なる]-と 笑っ-た。
          타나카 선생님-Top 아이-Nom 장난감-Acc o-사-
          ninaru-Cp 웃-Past
      b. 子供-は [s 田中先生-が オモチャ-を お-買い-にな

 단문과 복문에 관한 문법론

る]－と 笑っ－た。

아이－Nom 타나카 선생님－Nom 장난감－Acc o－사－
ninaru－Cp 웃－Past

c. 田中先生－は [s 子供－が オモチャ－を 買う]－と お－
笑い－になっ－た。

타나카 선생님－Top 아이－Nom 장난감－Acc 사는－Cp
o－웃－ninaru－Past

d. *田中先生－は [s 花子先生－が オモチャ－を お－買う]－
と 笑い－になっ－た。

타나카 선생님－Top 하나코 선생님－Nom 장난감－Acc
o－사－Cp 웃－ninaru－Past

　(53)은 「と(to)」절을 내포절로 갖는 복문에 나타나는 존경어법 현
상이다.

　(53a)는 존경어형인 「お(o)～になる(ninaru)」가 내포절의 동사인 「買
(사)」에 연결되어 존경어로서 「お(o)－買い(사)－になる(ninaru)」로
나타나지만, 자신의 주어가 의미적으로 적합한 「田中先生(타나카
선생님)」가 아닌, 같은 내포절 안의 「子供(아기)」이기 때문에 부적
격한 문으로 나타나고 있다. 이에 반해 존경어 「お(o)－買い(사)－に
なる(ninaru)」와 의미적으로 적합한 「田中先生(타나카 선생님)」가
같은 내포절 안에 주어로서 나타나고 있는 (53b)는 적격문이다. (53c)
의 경우도 존경어형인 「お(o)～になる(ninaru)」)가 주절동사인 「笑
(웃)」에 연결되어 존경어로서 「お(o)－笑い(웃)－になる(ninaru)」를 형
성하고, 그 주어는 내포절의 「子供(아이)」가 아닌, 같은 주절의 「田

中先生(타나카 선생님)」기 때문에 적격한 문으로 나타난다. (53d)는 존경어형이 「내포절의 동사 – 주절동사」와 같은 연쇄에 나타날 수 없음을 보여 주고 있다.

이상과 같은 사실로부터, 「と(to)」절을 안고 있는 복문에서 보이는 존경어법 현상은 (54b)와 같은 주어와 존경어 일치 현상으로 설명할 수 있게 된다.

(54)

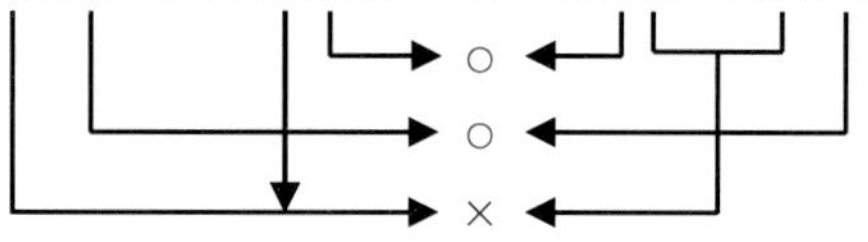

또한, 위의 (54)와 같은 주어와 존경어의 일치 현상을 형식화하면, 존경어법 현상은 다음 (55)와 같은 일치 현상으로 나타낼 수가 있다.

(55)

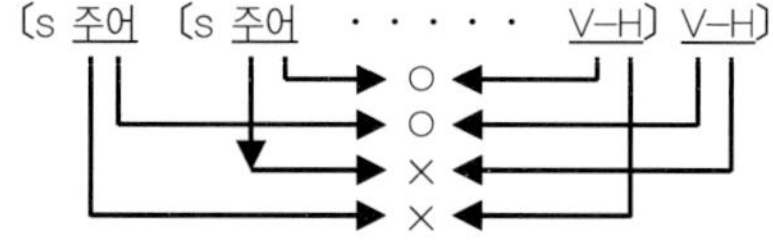

존경어법 현상에 대한 (55)와 같은 일치 현상을 염두에 두고, 이하
에서는 「V－始める(hazimeru)」문에 나타나는 「お(o)～になる(ninaru)」
형을 살펴보도록 하자.

(56) a. 田中先生－が 論文－を 書き－始め－た。

　　　　타나카 선생님－Nom 논문－Acc 쓰－hazime－Past

　　　　"타나카 선생님이 논문을 쓰기 시작했다"

　　 b. 田中先生－が 論文－を お－書き－になり－始めた。

　　　　타나카 선생님－Nom 논문－Acc o－쓰－ninari－hazimeta

　　 c. ?田中先生－が 論文－を お－書き－始め－になっ－た。

　　　　타나카 선생님－Nom 논문－Acc o－쓰－hazime－ninat－Past

(57) a. 金先生－が ロボット－を 作り－始め－た。

　　　　김 선생님－Nom 로봇－Acc 만들－hazime－Past

　　　　"김 선생님이 로봇을 만들기 시작했다"

　　 b. 金先生－が ロボット－を お－作り－になり－始め－た。

　　　　김 선생님－Nom 로봇－Acc o－만들－ninari－hazime－
Past

　　 c. ?金先生－が ロボット－を お－作り－始め－になっ－た。

　　　　김 선생님－Nom 로봇－Acc o－만들－hazime－ninat－Past

(56b), (57b)는 「お(o)－V－になり(ninari)－始める(hazimeru)」문이
고, (56c), (57c)는 「お(o)－V－始め(hazime)－になる(ninaru)」문이다.
久野(1983)는 (56b), (57b)와 같은 존경어법 현상이 나타나는 것

은(제2장의 선행연구에서 살펴본 바와 같이) 「V－始める(hazimeru)」
문이 자동사 구조(상승 구조)이기 때문이며, (56c), (57c)와 같은 존
경어법 현상이 나타나는 이유는 「V－始める(hazimeru)」문이 타동
사 구조(컨트롤 구조)이기 때문이라고 설명하고 있다.

(58) a. [s [s 田中先生－が 手紙－を 書き]－始め－た]

　　　타나카 선생님－Nom 편지－Acc 쓰－hazime－Past

　　b. [s 田中先生－が [s 田中先生－が 手紙－を 書き]－始
　　　め－た]

　　　타나카　선생님－Nom　타나카　선생님－Nom　편지－Acc
　　　쓰－hazime－Past

다시 말해 (56b), (57b)는 (58a)이 보여 주고 있는 바와 같이, 「田
中先生(타나카 선생님)/金先生(김 선생님)」가 「始め(hazime)」의 주
어가 아닌, 내포절의 동사인 「書(쓰)/作(만들)」의 주어이기 때문에
적격문인 데 반해, (56c), (57c)는 (58b)가 보여 주고 있는 바와 같
이, 「田中先生(타나카 선생님)/金先生(김 선생님)」가 내포절 동사인
「書(쓰)/作(만들)」의 주어이기도 하고, 「始め(hazime)」의 주어이기도
하기 때문에 적격문이라고 설명할 수 있다.

그러나 이와 같은 설명대로라면 (58b)에 있어서, (59)와 같은 「V－
始める(hazimeru)」문도 허용되지 않으면 안 되나, (59)는 부적격문
으로 나타나고 있다.[35]

---

35) 久野(1983)는 (59)의 부적격성에 대해서 언급하고 있기는 하지만, 그 외에 대한 논의는 언
　　급하고 있지 않다.

(59) a. *田中先生 − が 手紙 − を 書き − お − 始め − になっ − た。

　　　타나카 선생님 − Nom 편지 − Acc 쓰 − o − hazime − ninat − Past

　　 b. *金先生 − が ロボット − を 作り − お − 始め − になっ − た。

　　　김 선생님 − Nom 로봇 − Acc 만들 − o − hazime − ninat − Past

　따라서 (56a), (57a)에 나타나는 (56b), (57b)와 (56c), (57c)의 존경 어법 현상은 「V − 始める(hazimeru)」문이 자동사 구조인지 타동사 구조인지로 설명되는 현상이 아니라고 할 수 있다. 이는 존경어법 현상이 초기구조보다 표면 레벨의 현상이라는 사실로부터도 확인 할 수 있다.

(60) a. 田中先生 − が 理事會に お − 呼ば − れ − になっ − た。

　　　타나카 선생님 − Nom 이사회에 o − 부르 − Pass − ninat − Past

　　　"타나카 선생님이 이사회에 호출되었다"

　　 b. 田中さんのおじいさん − が 深夜 突然 病院に お − 運ば − れ − になっ − た。

　　　타나카 씨의 할아버지 − Nom 심야 갑자기 병원에 o − 운 송 − Pass − ninat − Past

　　　"타나카 씨의 할아버지가 심야 갑자기 병원에 운송되었다"

　가령 전형적인 수동문은 초기구조에서 나타나지 않는다는 전통 적인 생각을 받아들여 생각해 본다면, (60a), (60b)가 보여 주고 있 는 주어(「田中先生(타나카　선생님)/田中さんのおじいさん(타나카 선생님의 할아버지)」)와 존경어형(「お(o)〜になる(ninaru)」)의 일치현

상은 초기 레벨보다 표면상의 현상이라고 생각할 수가 있다.

(55)에서 제시한 바와 같이, 존경어법 현상은 존경어와 이와 의미적으로 호응하는 주어와의 국소적 일치관계로서 이해할 수 있으므로, (56a), (57a)에 대해서 (56b), (57b)가 보여 주고 있는 사실은 아래 (61b), (61c)가 보여 주고 있는 바와 같이, 복문구조의 「V－始める(hazimeru)」문에 나타나는 주어(「田中先生(타나카 선생님)/金先生(김 선생님)」)와 존경어(「お(o)－書き(쓰)－になり(ninari)/お(o)－作り(만들)－になり(ninari)」)의 일치관계로서 이해할 수가 있다.

한편, (56c), (57c)가 보여 주고 있는 사실은 (62b), (62c)가 보여 주고 있는 바와 같이, 단문화된 「V－始める(hazimeru)」문에 나타나는 주어(「田中先生(타나카 선생님)/金先生(김 선생님)」)와 존경어(「お(o)－書き(쓰)－始め(hazime)－になる(ninaru)/お(o)－作り(만들)－始め(hazime)－になる(ninaru)」)의 일치관계로서 파악할 수가 있다.

(61) a. [s 주어 [s 주어 ······ V(H)]－始める(hazimeru)]

　　　 b. ?[s 田中先生－が [s 田中先生－が 論文－を お－書き－になり]－始め－た]

　　　　　 타나카 선생님－Nom 타나카 선생님－Nom 논문－Acc o－쓰－ninari－hazime－Past

　　　 c. ?[s 金先生－が [s 金先生－が ロボット－を お－作り－になり]－始め－た]

　　　　　 김 선생님－Nom 김 선생님－Nom 로봇－Acc o－만들－ninari－hazime－Past

(62) a. [s [주어] …… [V − 始め(hazime) − (H)] − る]

b. [s [田中先生が] [論文を] [お − 書き − 始め − になっ] − た]

　　타나카 선생님이 논문을 o − 쓰 − hazime − ninat − Past

c. [s [金先生が] [ロボットを] [お − 作り − 始め − になっ] − た]

　　김 선생님이 로봇을 o − 만들 − hazime − ninat − Past

3.4.1.3. 「だけ(dake)」와 Neg의 스코프 현상

본 절에서는 「V − 始める(hazimeru)」문에 나타나는 「だけ(dake)」
와 Neg의 스코프(scope) 현상을 통해, 「V − 始める(hazimeru)」문에
재구조화 현상이 나타난다는 사실을 제시할 것이다. 이와 같은 사
실을 증명해 보이기 전에, 먼저 문에 나타나는 「だけ(dake)」와 Neg
의 스코프 관계와 구조상의 위치관계에 대해 살펴보도록 하자.

　三原(1997)는 (63a)와 같은 문에서는 (63b)와 같은 한 가지 의미
해석밖에 나타나지 않는다는 사실을 지적하고, 이러한 경우의 「だ
け(dake)」와 Neg의 스코프 관계는 반드시 「だけ(dake)」가 Neg보다
넓은 영역을 취한다고 지적하고 있다.

(63) a. 3回生 − だけ − が 來 − な かっ − た。

　　　3회(학)생 − dake − 가 오 − Neg − Past

　　　"3회생만이 오지 않았다"

b. 來なかったのは、3回生だけ。「だけ(dake) ＞ ない(Neg)」

　　오지 않은 것은 3회(학)생뿐

三原의 지적대로, 넓은 영역을 취하는 요소는 좁은 영역을 취하
는 요소의 영향을 받지 않는 위치에 있다고 생각할 수 있다. 이러
한 사실은 일반적으로 어떠한 요소의 통사적 스코프는 그것이 성
분통어(constituent command)하는 영역이라는 사실을 의미한다. 따
라서 (63a)의 「だけ(dake)」와 Neg의 구조적 위치관계는 (64)와 같이
나타낼 수가 있다((64)는 三原(1997)의 논지를 벗어나지 않는 범위
안에서 필자가 약간 바꿔 제시한 것이다.).

(64)

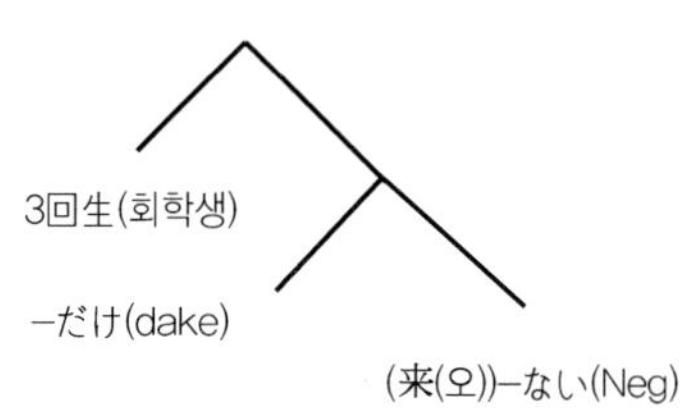

이와 같은 「だけ(dake)」와 Neg의 스코프 관계와 구조적 위치관
계를 염두에 두고, 이하에서는 「V-始める(hazimeru)」문에 나타나
는 「だけ(dake)」와 Neg의 스코프 현상에 대해 살펴보도록 하자.

(65) a. 花子-が キムチ-を 食べ-始め-た。

　　　 하나코-Nom 김치-Acc 먹-hazime-Past

　　　 "하나코가 김치를 먹기 시작했다"

　　 b. 父-が 柿-を 落とし-始め-た。

　　　 아버지-Nom 감-Acc 떨어뜨리-hazime-Past

"아버지가 감을 떨어뜨리기 시작했다"

c. [s 花子i－が [s PROi キムチ－を 食べ]－始め－た]

하나코－Nom 김치－Acc 먹－hazime－Past

d. [s 父i－が [s PROi 柿－を 落とし]－始め－た]

아버지－Nom 감－Acc 떨어뜨리－hazime－Past

(66) a. 花子－が キムチ－だけ－を 食べ－始め－なかっ－た。

하나코－Nom 김치－dake－Acc 먹－hazime－Neg－Past

"하나코가 김치만을 먹기 시작하지 않았다"

b. 父－が 柿－だけ－を 落とし－始め－なかっ－た。

아버지－Nom 감－dake－Acc 떨어뜨리－hazime－Neg－Past

"아버지가 감만을 떨어뜨리기 시작하지 않았다"

(65c)와 (65d)는 각각 (65a)와 (65b)의 구조를 보여 주고 있다.

(66a)와 (66b)에는 각각 두 가지 의미해석이 가능하다. 먼저 (66a)를 보면, 「하나코가 먹기 시작하지 않았던 것은 유일하게 김치뿐」이라는 해석과 「하나코는 김치는 물론 그 외의 것도 먹기 시작했다」라는 해석이 모두 가능하다. 전자는 「だけ(dake)」가 부정사(Neg)보다 넓은 영역(「だけ(dake)」〉Neg)을 취하는 경우에 나타나는 의미해석이며, 후자는 「だけ(dake)」가 부정사(Neg)보다 좁은 영역(「だけ(dake)」〈 Neg)을 취하는 경우에 나타나는 의미해석이다.

(66a)와 마찬가지로, (66b)에도 「아버지가 떨어드리기 시작하지 않았던 것은 유일하게 감뿐」이라는 의미해석(「だけ(dake)」〉Neg)과, 「아버지가 감은 물론 다른 열매도 떨어뜨리기 시작했다」라는

의미해석(「だけ(dake)」〈 Neg)이 모두 가능하다.

따라서 (66a), (66b)는 (67a), (67b)에서 나타나고 있는 것처럼, 「だ
け(dake)」가 Neg보다 넓은 영역을 취하는 경우의 구조와, 「だけ
(dake)」가 Neg보다 좁은 영역을 취하는 경우의 구조로 나타낼 수가
있다.

(67)

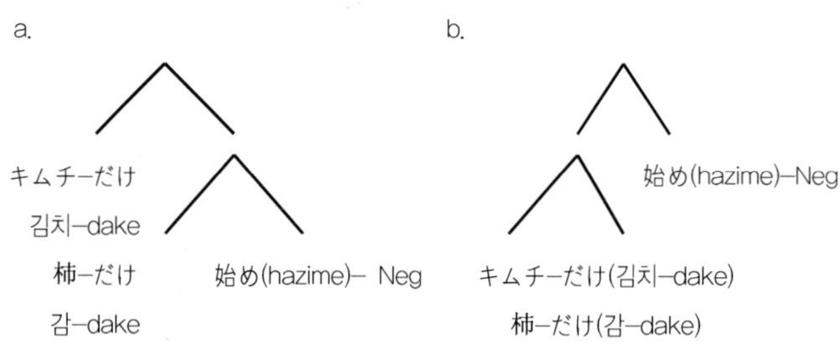

특히 (65a), (65b)는 (65c), (65d)에서 제시하고 있는 바와 같이,
복문구조라는 사실을 떠올린다면, (66a), (66b)에서 「だけ(dake)」가
Neg보다 넓은 영역을 취하는 경우가 관찰되고 있으므로, 「V – 始
める(hazimeru)」문에 재구조화 현상이 나타나 원래 내포절의 목적
어였던 「キムチ(김치) – だけ(dake)/柿(감) – だけ(dake)」가 Neg보다
구조상으로 높은 위치로 이동했다고 설명할 수 있다. 만일 「V – 始
める(hazimeru)」문이 복문이라고 한다면, 내포절의 목적어인 「キム
チ(김치) – だけ(dake)/柿(감) – だけ(dake)」는 항상 주절동사인 「始め
(hazime)」 뒤에 나타나는 Neg의 영역 내에 있어야만 할 것이다.

(66a), (66b)가 보여 주고 있는 「だけ(dake) 〉Neg」의 의미해석은

(66a), (66b)가 (68a), (68b)와 같은 단문구조이며, 목적어인 「キムチ(김치) - だけ(dake)/柿(감) - だけ(dake)」는 뒤섞기(scrambling) 등에 의해 Neg보다 높은 위치에 있다고 생각하는 것으로 설명할 수 있다.

(68) a. [s [花子が] [キムチ - だけ - を] [食べ - 始め - なかっ - た]]
　　　　하나코가 김치 - dake - Acc 먹기 - 시작 - Neg - Past
　　 b. [s [父が] [柿 - だけ - を] [落とし - 始め - なかっ - た]]
　　　　아버지가 감 - dake - Acc 떨어뜨리기 - 시작 - Neg - Past

3.4.2. 「V - 시작하다」문

본 절에서는 두 가지 표면형으로 나타나는 한국어의 「V - 시작하다」문(「V - 기 시작하다」문, 「V - 기를 시작하다」문)에서, 「V - 기 - 시작하다」문에는 재구조화 현상이 나타나지만, 「V - 기 - 를 - 시작하다」문에는 재구조화 현상이 나타나지 않는다는 사실을 NPI[36]와 Neg의 분포 현상, 「만」과 Neg의 스코프 현상을 통해서 명시할 것이다.[37]

---

36) NPI(negative polarity item)는 일본어로는 부정극성 표현(否定極性表現) 또는 부정대극 표현(否定對極表現)이라고 번역된다. 극성(polarity)이란, 긍정과 부정의 구별을 가리키며, 부정문에 나타나는 표현을 NPI라 하고, 긍정문에 나타나는 표현을 PPI(positive polarity item)라고 한다(cf.Kato(1985), 시정곤(1997a), 山田(1997), 奧野·小川(2002)).

37) 일본어의 「V - 始める(hazimeru)」문에서 들고 있는 수동화 현상과 존경어법 현상을 한국어의 「V - 시작하다」문에서는 거론하지 않는 이유는 「V - 시작하다」문을 수동문으로 만들면 동사 「시작하다」의 어휘 자체가 변하여 「V - 시작되다」와 같은 「V - 시작되다」문이 되어 버리기 때문이다. 또한, 존경어법 현상에 관해서는 한국어에는 일본어의 「お(o)~になる(ninaru)」와 같이 「お(o)」와 「になる(ninaru)」 사이에 동사의 범위를 설정하는 존경어법이 없기 때문이다. 예를 들면, 「V - 시작하 - 시(H)」와 같은 경우, 존경어형의 「 - 시」가 「V - 시작하」 전체에 연결되어 있는지, 「시작하」에만 연결되어 있는지 명확히 구분할 수 없다.

3.4.2.1. NPI와 Neg의 분포 현상

한국어의 「V－기－시작하다」문에는 재구조화 현상이 나타나지만, 「V－기－를－시작하다」문에는 재구조화 현상이 나타나지 않는다는 사실을 NPI와 Neg의 분포 현상으로부터 제시할 수가 있다.

먼저, NPI와 Neg의 상관관계에 관한 개념을 간단히 제시하고, 시제형태를 포함하는 복문의 「－고」절에서 나타나는 NPI와 Neg의 현상을 통해, NPI와 Neg가 국소적인 영역에서 상관관계를 갖는다는 사실을 살펴보도록 하자.

NPI는 부정적 문에서만 나타나는 요소이므로, Neg 요소가 존재하지 않는 문에서는 단독으로 나타날 수가 없다.

(69) a. <u>誰も</u> 太郎－を 誘わ－<u>な</u>かっ－た。

　　　<u>아무도</u> 타로우－Acc 초대하－<u>Neg</u>－Past

　　　"아무도 타로우를 초대하지 않았다"

　　b. *<u>誰も</u> 太郎－を 誘っ－た。

　　　<u>아무도</u> 타로우－Acc 초대하－Past

　　　"아무도 타로우를 초대했다"

(70) a. 太郎－は <u>何も</u> 食べ－<u>な</u>かっ－た。

　　　타로우－Top <u>아무것도</u> 먹－<u>Neg</u>－Past

　　　"타로우는 아무것도 먹지 않았다"

　　b. *太郎－は <u>何も</u> 食べ－た。

　　　타로우－Top <u>아무것도</u> 먹－Past

 단문과 복문에 관한 문법론

"타로우는 아무것도 먹었다"

　(69a), (70a)가 적격문인 데 반해, (69b), (70b)가 부적격문인 이유
는 전자는 NPI인 「誰も(아무도)」, 「何も(아무것도)」와 이를 인가하
는 Neg(「ない(nai)」)가 나타나 있으나, 후자는 NPI를 인가하는
Neg(「ない(nai)」)가 나타나지 않기 때문이다.

　이와 같은 사실은 NPI는 Neg에 의해 인가되어야만 한다는 사실
을 보여 주고 있다고 할 수 있다. (69), (70)은 일본어의 예이나,
(71), (72)가 보여 주고 있듯이 한국어에서도 이와 동일한 현상이
나타난다.

　(71) a. <u>아무도</u> 타로우를 부르지 <u>않았다</u>.

　　　 b. *<u>아무도</u> 타로우를 불렀다.

　(72) a. 타로우는 <u>아무것도</u> 먹지 <u>않았다</u>.

　　　 b. *타로우는 <u>아무것도</u> 먹었다.

　(71a), (72a)가 적격문이고 (71b), (72b)가 부적격문이 되는 이유에
대해서도 역시 (69), (70)에서 제시한 일본어의 경우와 똑같이 설명
할 수 있다.

　또한 NPI와 Neg 사이에는 일반적으로 동일절 내 제약(clause-
mate constraint)이 존재한다는 사실이 많은 연구들로부터 알려져
있다(cf.Kato(1985), Choe(1988a/1988b), 시정곤(1997a/1997b), Kuno
(1995/2004), 奧野·小川(2002) 등). 여기서는 시제형태를 포함하고

있는 한국어의 「－고」절을 내포하고 있는 복문으로부터 이러한 사실을 확인해 보도록 하자.

(73) a. 영희는 철수가 무언가를 먹었다고 생각하였다.

　　 b. 영희는 [s 철수가 <u>아무것도</u> 먹지 <u>않았다고</u>] 생각하였다.

　　 c. <u>아무도</u> [s 철수가 무언가를 먹었다고] 생각하지 <u>않았다</u>.

　　 d. *영희는 [s 철수가 <u>아무것도</u> 먹었다고] 생각하지 않았다.

　　 e. *<u>아무도</u> [s 철수가 무언가를 먹지 <u>않았다고</u>] 생각하였다.

(73b), (73c)가 적격문이고 (73d), (73e)가 부적격문인 사실로부터, NPI와 Neg는 동일절 내에서 나타나야만 한다는 사실을 알 수 있다. 다시 말해, (73b), (73c)는 NPI인 「아무것도」, 「아무도」가 부정사인 「안」과 국소적 영역에서 함께 나타나고 있기 때문에 적격문이 되고, (73d), (73e)는 NPI인 「아무것도」, 「아무도」가 부정사인 「안」과 국소적 영역에서 함께 나타나지 않기 때문에 부적격문이 된다고 생각할 수 있다.

이상과 같은 사실은 (74)와 같이 형식화할 수가 있다.

(74)

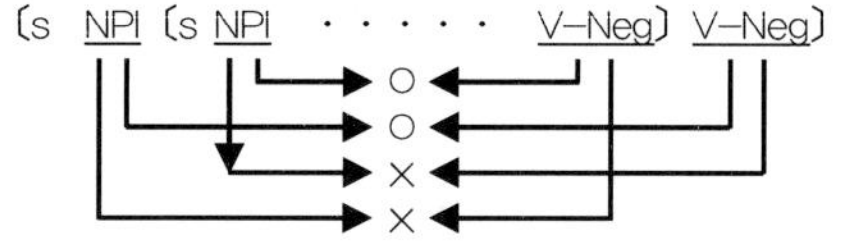

(74)와 같은 NPI와 Neg의 상호관계를 통해서, 「V－기－시작하

다」문에는 재구조화 현상이 나타나지만, 「V - 기 - 를 - 시작하다」
문에는 재구조화 현상이 나타나지 않는다는 사실을 제시할 수 있다.

(75) a. 영희가 무언가를 먹기(를) 시작하였다.

b. [s 영희i가 [s PROi 무언가를 먹]기(를) 시작하였다]

c. [s 영희가 <u>아무것도</u> 먹]기 시작하지 <u>않</u>았다.

d. *[s 영희가 <u>아무것도</u> 먹]기를 시작하지 <u>않</u>았다.

(76) a. 학생이 무언가를 부수기(를) 시작하였다.

b. [s 학생i이 [s PROi 무언가를 부수]기(를) 시작하였다]

c. [s 학생이 <u>아무것도</u> 부수]기 시작하지 <u>않</u>았다.

d. *[s 학생이 <u>아무것도</u> 부수]기를 시작하지 <u>않</u>았다.

(75b), (76b)는 (75a), (76a)의 구조를 보여 주고 있다.

(75d), (76d)가 부적격문인 이유는 (74)에서 제시한 NPI와 Neg의
동일절 내 제약을 위반했기 때문이라고 설명할 수 있다. 그러나
(75c), (76c)는 NPI와 Neg의 동일절 내 제약을 위반하고 있음에도
불구하고 적격문으로 나타나고 있다. 이러한 사실은 (74)에서 제시
한 바와 같은 NPI와 Neg의 동일절 내 제약을 고려할 경우, (75c)와
(76c)는 (77a), (77b)와 같은 단문구조라고 생각할 수 있다.

(77) a. [s [영희가] [<u>아무것도</u>] [먹기 시작하지 <u>않</u>았다]]

b. [s [학생이] [<u>아무것도</u>] [부수기 시작하지 <u>않</u>았다]]

또한 여기서 주목하지 않으면 안 되는 사실은 (75c), (76c)는 대격이 나타나지 않는 「V－기－시작하다」문에 나타나는 현상이며, (75d), (76d)는 대격이 나타나고 있는 「V－기－를－시작하다」문에 나타나는 현상이라는 점이다. 즉, 대격이 나타난 「V－기－를－시작하다」문에는 재구조화 현상이 나타나지 않는다고 할 수 있다.[38]

3.4.2.2. 「만」과 Neg의 스코프 현상

본 절에서는 「V－시작하다」문에 나타나는 「만」과 Neg의 스코프 (scope) 현상을 통해, 「V－기－시작하다」문에는 재구조화 현상이 나타나지만, 대격이 나타난 「V－기－를－시작하다」문에는 이와 같은 현상이 나타나지 않는다는 사실을 명시할 것이다.

3.4.1.3.절에서 일본어의 「V－始める(hazimeru)」문에 나타나는 「だけ(dake)」와 Neg의 스코프 현상으로부터, 「だけ(dake)」가 Neg보다 넓은 스코프를 취하는 경우, (78b)와 같이 「だけ(dake)」는 Neg보다 구조적으로도 높은 위치(Neg를 c－통어하는 위치)에 있다는 사실을 확인했다.

(78)

    a. 3回生－だけ－が 来－なかっ－た。　((64)를 재게))
    3회학생－dake－Nom 오－Neg－Past
    "3회 학생만이 오지 않았다"

---

38) 이와 같은 사실에 대해서는 다음 절에서 다시 자세히 논의할 것이다.

b.

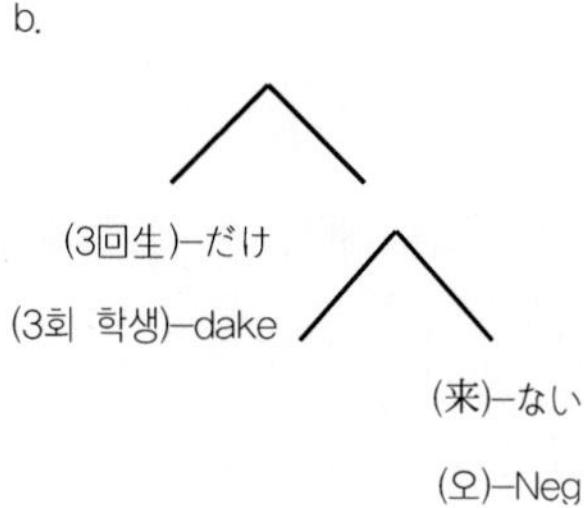

이와 같은 「だけ(dake)」와 Neg의 스코프 관계와 구조적인 위치 관계를 염두에 두고, 한국어의 「V-시작하다」문에 나타나는 「만」과 Neg의 스코프 현상을 살펴보도록 하자.

(79) a. 하나코가 김치를 먹기(-를) 시작하였다.

    b. [s 하나코i-가 [s PROi 김치를 먹기(-를)] 시작하였다]

    c. 하나코가 <u>김치만을</u> 먹기 시작하지 <u>않았다</u>.

    d. 하나코가 <u>김치만을</u> 먹기를 시작하지 <u>않았다</u>.

(79b)는 (79a)의 구조를 보여 주고 있다.

여기서 주목해야만 하는 점은 (79c)는 대격이 나타나지 않는 「V-기-시작하다」문이고, (79d)는 대격이 나타나는 「V-기-를-시작하다」문이라는 점이다.

(79c)에 나타나는 의미해석을 살펴보면, 「만」이 Neg보다 넓은 스코프를 취하는 「하나코가 먹기 시작하지 않았던 것은 김치뿐」이라는 의미해석과, 「만」이 Neg보다 좁은 스코프를 취하는 「하나코가 먹기 시작한 것은 김치는 물론 그 외의 것도 있다」라는 두 가지

의미해석이 모두 가능하다. 한편, (79d)에 나타나는 의미해석을 보면, 「만」이 Neg보다 넓은 스코프를 취하는 「하나코가 먹기 시작하지 않았던 것은 김치뿐」이라는 의미해석은 명확히 나타나지 않고, 「만」이 Neg보다 좁은 영역을 취하는 「하나코가 먹기 시작한 것은 김치는 물론 그 외의 것도 있다」라는 의미해석이 명확히 나타난다.

이와 같은 사실은 「V - 기 - 시작하다」문((79c))은 「만」이 Neg보다 구조적으로 높은 위치에 있는 경우와, 낮은 위치에 있는 경우가 각각 존재하고 있다는 사실을 말해 준다. 특히 (79b)의 구조를 생각한다면, 「만」이 Neg보다 넓은 스코프를 취하는 경우가 있다는 사실은 「V - 기 - 시작하다」문((79c))에 재구조화 현상이 나타나 단문 구조가 되어, 「만」이 Neg보다 구조적으로 높은 위치로 이동했다고 생각할 수 있다. 한편, (79d)에서는 「만」이 Neg보다 넓은 영역을 취하는 의미해석은 명확히 나타나지 않는 데 대해, 「만」이 Neg보다 좁은 영역을 취하는 의미해석만이 나타나므로, 「V - 기 - 를 - 시작하다」문에는 재구조화 현상이 나타나지 않는다고 생각할 수 있다.

「V - 기 - 시작하다」문과 「V - 기 - 를 - 시작하다」문에 대한 또 다른 예들을 살펴보도록 하자.

(80) a. 아버지가 감을 떨어뜨리기(를) 시작하였다.

    b. [s 아버지가 [s PROi 감을 떨어뜨리기(를)] 시작하였다]

    c. 아버지가 <u>감만을</u> 떨어뜨리기 시작하지 <u>않았다</u>.

    d. 아버지가 <u>감만을</u> 떨어드리기를 시작하지 <u>않았다</u>.

(80b)는 (80a)의 구조를 보여 주고 있다.

  (80c)는 대격이 나타나지 않는 「V-기-시작하다」문에 나타나는 「만」과 Neg의 스코프 현상을 보여 주고 있으며, (80d)는 대격이 나타나는 「V-기-를-시작하다」문에 나타나는 「만」과 Neg의 스코프 현상을 보여 주고 있다.

  (80c)에는 「아버지가 떨어뜨리기 시작한 것은 감뿐」(「만 > Neg」)이라는 의미해석과, 「아버지는 감은 물론, 다른 열매도 떨어뜨리기 시작했다」(「만 < Neg」)라는 의미해석이 모두 나타난다. 한편, (80d)에는 전자의 의미해석은 명확하지 않고, 후자의 의미해석이 명확히 나타난다.

  (80c)와 (80d)가 보여 주는 이와 같은 사실은 상술한 (79c)와 (79d)의 경우와 똑같은 현상으로 이해할 수 있다. 그러므로 (80c)에서 「만 > Neg」의 의미해석이 나타나는 이유는 「V-기 시작하다」문에 재구조화 현상이 나타나기 때문이며, (80d)에서 이와 같은 의미해석이 나타나지 않는 이유는 「V-기-를-시작하다」문에 재구조화 현상이 나타나지 않기 때문이라고 설명할 수 있다.

  이상, 본 절에서는 하나의 형식으로 나타나는 일본어의 「V-始める(hazimeru)」문에는 재구조화 현상이 나타나는 경우와 나타나지 않는 경우가 각각 관찰된다는 사실을 명시하였으며, 한편으로는 한국어의 「V-기-시작하다」문에는 재구조화 현상이 나타나지만, 대격이 나타나는 「V-기-를-시작하다」문에는 재구조화 현상이 나타나지 않는다는 사실을 명시하였다. 이와 같은 사실은 재구조화 현상의 유무의 관점에서 보면, 재구조화 현상이 나타나는 「V-始める」문과 「V-기-시작하다」문, 그리고 재구조화 현상이 나타나지 않는 「V-始める」문과 「V-기-를-시작하다」문의 각각의 대

응관계가 존재한다는 사실을 보여 주고 있다고 할 수 있다.

3.5. 「대격」제약

본 절에서는 두 가지 형식으로 나타나는 한국어의 「V - 시작하다」
문, 즉, 대격이 나타나지 않는 「V - 기 - 시작하다」문과 대격이 나타
나는 「V - 기 - 를 - 시작하다」문이 보여 주는 대비적 현상을 통해
재구조화 현상에 존재하는 제약으로서, 「대격」제약을 제시할 것이다.
앞 절에서 NPI와 Neg의 분포 현상, 「만」과 Neg의 스코프 현상
을 통해, 「V - 기 - 시작하다」문에는 재구조화 현상이 나타나지만,
「V - 기 - 를 - 시작하다」문에는 재구조화 현상이 나타나지 않는다
는 사실을 제시하였다. 이러한 사실은 재구조화 현상은 대격에 의
해서 차단된다는 「대격」제약이 존재한다는 증거로서 제시될 수 있다.
이러한 「대격」제약을 제시하기에 앞서, 먼저 재구조화 현상의 유
무와 관련하여 삽입어구 현상을 통해 「V - 시작하다」문과 「V - 기 -
를 - 시작하다」문이 보여 주는 대비적인 현상들을 다시 한 번 확인
해 보도록 하자.

3.5.1. 삽입어구 현상

「V - 기 - 시작하다」문과 「V - 기 - 를 - 시작하다」문에 나타나는

   단문과 복문에 관한 문법론

부사구의 삽입 현상을 살펴보면 다음의 (81), (82)와 같은 대비적인 현상을 관찰할 수 있다.

(81) a. 비가, <u>너도 알다시피</u>, 내리기(－를) 시작하였다.

　　 b. *비가 내리기, <u>너도 알다시피</u>, 시작하였다.

　　 c. 비가 내리기를, <u>너도 알다시피</u>, 시작하였다.

(82) a. 사자가, <u>어제부터</u>, 토끼를 먹기(－를) 시작하였다.

　　 b. 사자가 토끼를, <u>어제부터</u>, 먹기(－를) 시작하였다.

　　 c. *사자가 토끼를 먹기, <u>어제부터</u>, 시작하였다.

　　 d. 사자가 토끼를 먹기를, <u>어제부터</u>, 시작하였다.

(81)은 부사구인 「너도 알다시피」의 삽입 현상을 보여 주고 있으며, (82)는 때를 나타내는 부사구인 「어제부터」의 삽입 현상을 보여 주고 있다. 여기서 주목해야 할 점은 「V－기－시작하다」문이 보여 주고 있는 (81b), (82c)와 「V－기－를－시작하다」문이 보여 주고 있는 (81c), (82d)의 대비적인 모습이다.

「V－기－시작하다」문인 (81b), (82c)가 부적격문으로 나타나는 사실은 부사구인 「너도 알다시피」, 「어제부터」가 「V－기」와 「시작하다」 사이에 삽입될 수 없다는 것을 보여 주고 있다. 한편, 「V－기－를－시작하다」문인 (81c), (82d)가 적격문인 것은 이들 부사구가 「V－기를」과 「시작하다」 사이에 삽입될 수 있다는 것을 보여 주고 있다.

다시 말해, 「V－기－시작하다」문((81b), (82c))의 「V－기」와 「시

작하다」는 두 요소가 합쳐져 「V－기－시작하다」라는 하나의 성분
을 이루고 있다고 생각할 수 있는 한편, 「V－기－를－시작하다」문
((81c), (82d))의 「V－기－를」과 「시작하다」는 이들이 하나의 성분
을 이루고 있지 못함을 말해 주고 있다. 따라서 「V－기－시작하다」
문인 (81b), (82c)는 (83a), (83b)와 같은 단문구조로 나타낼 수가 있
으며, 「V－기－를－시작하다」문인 (81c), (82d)는 (84a), (84b)와 같
은 복문구조로 나타낼 수 있다.

(83) a. [s [비가] [내리기 시작하였다]]

　　 b. [s [사자가] [토끼를] [먹기 시작하였다]]

(84) a. [s [s [비가] [내리기를]] [시작하였다]]

　　 b. [s [사자i가] [s PROi [토끼를] [먹기를]] [시작하였다]]

「V－기－시작하다」문과 「V－기－를－시작하다」문이 보여 주는
위와 같은 부사구 삽입어구 현상은 「V－기－시작하다」문에는 재
구조화 현상이 나타나지만, 대격이 나타나는 「V－기－를－시작하
다」문에는 재구조화 현상이 나타나지 않는다는 앞 절의 관찰과도
합치되는 결과로서, 앞 절에서 상술한 NPI와 Neg의 분포 현상, 「만」
과 Neg의 스코프 현상과 함께, 재구조화 현상은 대격에 의해 차단
된다는 사실의 증거로서 제시할 수 있다.

3.5.2. 「대격」제약

상술한 「V-시작하다」문에 나타나는 재구조화 현상이 「대격」에 의해 차단된다는 사실을 확장시키면, 재구조화 현상이 차단되는 구조적인 환경의 하나로서 (85)를 제시할 수가 있다.

(85) 「대격」제약
　　　대격에 의해 내포절이 표시되고 있는 복문에는 재구조화 현상이 나타나지 않는다.

(85)는 복문의 내포절에 대격이 나타나는 경우, 재구조화 현상이 차단된다는 사실을 명시한 제약이다. 이와 같이 재구조화 현상에 「대격」제약이 존재한다는 사실은 한국어에서 계속을 나타내는 「V-계속하다」문과 종료를 나타내는 「V-끝내다」문에서도 확인할 수가 있다.

계속을 나타내는 「V-계속하다」문과 종료를 나타내는 「V-끝내다」문은 3.2.3.절에서 제시한 바와 같이, 「V-시작하다」문과는 달리 내포절의 「-기」 뒤에 반드시 대격이 나타나야만 한다.

(86) a. *엄마가 케이크를 먹기-∅ 계속하였다. (=(21))
　　　b. 엄마가 케이크를 먹기를 계속하였다.

(87) a. *엄마가 케이크를 먹기-∅ 끝냈다. (=(22))
　　　b. 엄마가 케이크를 먹기를 끝냈다.

(86a), (87a)의 부적격성과 (86b), (87b)의 적격성은 「V – 계속하다」
문과 「V – 끝내다」문의 내포절에는 대격이 나타나지 않으면 안 된
다는 사실을 보여 준다.

따라서 (85)에서 제시한 재구조화 현상의 「대격」제약이 타당한
것이라면, 「V – 계속하다」문과 「V – 끝내다」문에는 재구조화 현상
이 나타나지 않는다고 예측할 수가 있다. 이러한 예측이 타당하다
는 것은 다음의 (88b), (89b)가 부적격문이라는 사실로부터 확인할
수가 있다.

(88) a. 엄마가 케이크를 먹기를 계속했다.

  b. *엄마가 <u>아무것도</u> 먹기를 계속하지 <u>않았다</u>.

(89) a. 엄마가 케이크를 먹기를 끝냈다.

  b. *엄마가 <u>아무것도</u> 먹기를 끝내지 <u>않았다</u>.

(88b), (89b)의 부적격성은 NPI와 Neg의 동일절 내 제약을 위반
하고 있기 때문이라고 생각할 수 있으며, 이는 「V – 계속하다」문과
「V – 끝내다」문에서 재구조화 현상이 나타나지 않는다는 사실을 보
여 주고 있다.

또한 「V – 계속하다」문과 「V – 끝내다」문에 나타나는 「만」과 Neg
의 스코프 현상으로부터도 재구조화 현상에 대한 「대격」제약을 재
확인할 수가 있다.

(90) a. 엄마가 케이크<u>만</u>을 먹기를 계속하지 <u>않았다</u>.

　　 b. 엄마가 케이크<u>만</u>을 먹기를 끝내지 <u>않았다</u>.

　(90a)와 (90b)는 각각 「V - 계속하다」문과 「V - 끝내다」문에 나타나는 「만」과 Neg의 스코프 현상을 보여 주고 있다.

　(90a)에서는 「엄마는 케이크는 물론 다른 것도 먹기를 계속했다」라는 의미해석이 나타나며, (90b)에는 「엄마는 케이크는 물론 다른 것도 먹기를 끝냈다」라는 의미해석이 나타난다. 이는 위의 두 문에서는 「man 〉 Neg」의 의미해석이 명확히 나타나지 않고, 「man 〈 Neg」의 의미해석만이 명확히 나타난다는 사실을 보여 주고 있다.[39]

　그러므로, 3.4.1.3.절에서 제시했던 「だけ(dake)」와 Neg의 스코프 현상과 구조적인 위치관계((64))를 고려한다면, (90a)와 (90b)가 보여 주고 있는 「만」과 Neg의 스코프 현상은 「V - 계속하다」문과 「V - 끝내다」문에 재구조화 현상이 나타나지 않는다는 사실을 보여 주고 있다고 할 수 있다. 이러한 사실 또한, (85)에서 명시한 재구조화 현상의 「대격」제약을 지지해 주는 증거로서 제시될 수가 있다.[40]

---

39) (90a), (90b)에서는 「man 〉 Neg」의 의미해석이 나타날 가능성도 충분히 있으리라 생각된다. 그러나 「man 〈 Neg」의 의미해석으로 이해될 가능성과 비교한다면, 후자의 의미해석이 더욱 뚜렷하게 나타난다는 사실이 더욱 명확해질 것이다.

40) 참고로 (88b)는 일본어로는 「母が<u>何も食べ続けな</u>かった」로, (89b)는 「母が<u>何も食べ終えな</u>かった」로 나타낼 수가 있으나, 이들 일본어 문에 대응하는 한국어는 「V - 계속하다」문이나 「V - 끝내다」문이 아니라, 원래부터 단문구조인 「계속(부사) - V」문(i)과 「다(전부) - V」문(ii)이다.
　(i) 엄마가 아무것도 <u>계속</u> 먹지 않았다.
　(ii) 엄마가 아무것도 <u>다</u> 먹지 않았다.

3.6. 그 외의 증거

　　여기서는 「V – 始める(hazimeru)」문과 「V – 시작하다」문에 재구
조화 현상이 나타난다는 사실을 보여 주는 그 외의 증거들로서, 하
나의 문 안에서 존경어법 현상과 NPI와 Neg의 분포 현상이 함께
나타나는 현상을 소개할 것이다.[41)]

(91) a. ??田中先生 – は 何も お – 讀み – になり – 始め – なかっ – た。

　　　　타나카 선생님 – Top 아무것도 o – 읽 – ninari – hazime –

　　　　Neg – Past

　　　　"타나카 선생님은 아무것도 읽으시기 시작하지 않았다"

　　 b. ?田中先生 – は 何も お – 讀み – 始め – になら – なかっ – た。

　　　　타나카 선생님 – Top 아무것도 o – 읽 – hazime – ninara –

　　　　Neg – Past

　　　　"타나카 선생님은 아무것도 읽기 시작하시지 않았다"

(92) a. ??田中先生 – は 何も お – 描き – になり – 始め – なかっ – た。

　　　　타나카 선생님 – Top 아무것도 o – 그리 – ninari – hazime

　　　　– Neg – Past

　　　　"타나카 선생님은 아무것도 그리시기 시작하지 않았다"

　　 b. ?田中先生 – は 何も お – 描き – 始め – になら – なかっ – た。

---

41) 존경어법 현상과 NPI와 Neg의 분포 현상에 관한 상세한 설명은 각각 3.4.1.2.절과 3.4.2.1.
　　절을 참조할 수 있다.

타나카 선생님 - Top 아무것도 o - 그리 - hazime - ninara
- Neg - Past

"타나카 선생님은 아무것도 그리기 시작하시지 않았다"

(91), (92)는 「V - 始める(hazimeru)」문에 NPI와 Neg의 분포 현상과 존경어법 현상이 함께 나타나는 경우를 보여 주고 있다.[42]

3.4.2.1.절에서 제시한 바와 같이, NPI와 Neg의 분포 현상은 NPI와 Neg가 동일절 내에서 상호관계를 맺을 것을 요구하는 현상이며, 3.4.1.2.절에서 명시했듯이 존경어법 현상은 국소적 영역에서 주어와 존경어가 보이는 일치 현상이라 할 수 있다.

이러한 NPI와 Neg의 분포 현상과 존경어법 현상을 염두에 두고, 존경어형이 「始める(hazimeru)」 앞에 오는 동사만을 존경어로 만드는 「お(o) - V - になり(ninari) - 始める(hazimeru)」문과, 존경어형이 「V - 始める(hazimeru)」 전체를 존경어로 만드는 「お(o) - V - 始め(hazime) - になる(ninaru)」문에 나타나는 NPI와 Neg의 분포 현상을 각각 비교해 봄으로써 「お(o) - V - になり(ninari) - 始める(hazimeru)」문과, 「お(o) - V - 始め(hazime) - になる(ninaru)」문이 보여 주는 절(clause)의 범위를 확인할 수 있다.

그러므로 「お(o) - V - になり(ninari) - 始める(hazimeru)」문에서는 NPI와 호응하는 Neg가 「始める(hazimeru)」 뒤에는 나타나지 않으리라는 예측을 가능하게 한다.

「お(o) - V - になり(ninari) - 始める(hazimeru)」문과「お(o) - V - 始

---

42) (91)과 (92)의 내성판단 역시, 제1장의 각주 8)에서 제시한 바와 같이 총 60명 전후의 일본어모국어화자의 판단을 근거로 하고 있다.

め(hazime) - になる(ninaru)」문의 NPI와 Neg의 분포 현상인 (91a), (92a)와 (92b), (93b)의 대비적인 현상은 이러한 예측이 타당하다는 것을 보여 준다.

다시 말해 (91a), (92a)가 (91b), (92b)에 비해 부적격인 이유는 재구조화 현상이 나타나지 않는 「おVになり始める」문에 NPI와 Neg의 분포 현상이 나타나기 때문이라고 설명할 수 있다.[43]

이상과 같은 사실은 한국어의 「V - 시작하다」문에 존경어법 현상과 NPI와 Neg의 분포 현상이 함께 나타나는 문에서 보다 명확하게 확인할 수가 있다.[44]

(93) a. *<u>김 선생님</u>은 <u>아무것도</u> <u>읽으시</u>기를 시작하지 <u>않았</u>다.

    b. *<u>김 선생님</u>은 <u>아무것도</u> 읽기를 <u>시작하시</u>지 <u>않았</u>다.

    c. ??<u>김 선생님</u>은 <u>아무것도</u> <u>읽으시</u>기 시작하지 <u>않았</u>다.

    d. 김 선생님은 <u>아무것도</u> 읽기 <u>시작하시</u>지 <u>않았</u>다.

(94) a. *<u>김 선생님</u>은 <u>아무것도</u> <u>그리시</u>기를 시작하지 <u>않았</u>다.

    b. *<u>김 선생님</u>은 <u>아무것도</u> 그리기를 <u>시작하시</u>지 <u>않았</u>다.

---

43) 지금까지 예시한 「V - 始める(hazimeru)」문의 전항동사는 모두 동작동사이다. 전항동사에는 그 외의 동사도 나타날 수가 있다.
  (i) 大根が腐り始める。(무가 썩기 시작한다)/彼は彼女を考え始めた。(그는 그녀를 생각하기 시작했다)
  이 경우에도, 재구조화 현상은 나타난다.
  (ii) <u>何も</u>腐り始め<u>な</u>かった。(<u>아무것도</u> 썩기 시작하지 <u>않았</u>다)
  彼は<u>誰も</u>考え始め<u>な</u>かった。(그는 <u>아무도</u> 생각하기 시작하지 <u>않았</u>다)
  이러한 사실 역시 본 장에서 제시하고 있는 「V - 始める(hazimeru)」문에 재구조화 현상이 나타난다는 사실을 뒷받침해 준다.

44) 여기에서 「보다 명확하게 확인할 수 있다」라고 한 이유는 「V - 始める(hazimeru)」문이 보여 주는 (92)의 내성판단보다 한국어의 「V - 시작하다」문이 보여 주는 (93), (94)에 대한 내성판단이 더 명확하게 나타나기 때문이다.

c.?? <u>김 선생님</u>은 <u>아무것도</u> <u>그리시기</u> 시작하지 <u>않았다</u>.

d.   <u>김 선생님</u>은 <u>아무것도</u> 그리기 <u>시작하시지</u> <u>않았다</u>.

(93a~c), (94a~c)와 (93d), (94d)가 보여 주고 있는 대비적인 현상은 (91a), (92a)와 (91b), (92b)가 보여 주고 있는 「V-始める(hazimeru)」문의 대비적 현상과 똑같은 방법으로 설명할 수 있다. 즉, (93a~b), (94a~b)가 부적격한 이유는 재구조화 현상이 나타나지 않는 「V-기-를-시작하다」문에서 NPI와 Neg가 동일절 내 제약을 지키고 있지 않기 때문이며, (93c), (94c)가 부적격한 이유는 재구조화 현상이 나타나는 「V-기-시작하다」문이기는 하나, 존경어법 현상에서 내포절의 동사가 존경어화되어 있기 때문이라고 설명할 수 있다. 한편, (93d), (94d)가 적격한 이유는 재구조화 현상이 나타나는 「V-기-시작하다」문에서 NPI와 국소적 관계에 있는 Neg가 「V-기-시작하다」의 뒤에 나타고 있으며, 존경어형 「시」도 「V-기-시작하」의 뒤에 나타나 있기 때문이라고 설명할 수 있다.

3.7. 결론

본 장에서는 종래 복문으로 분석되어 온 일본어의 「V-始める(hazimeru)」문과 이에 대응하는 한국어의 「V-시작하다」문을 중심으로, 양 구문에는 재구조화 현상이 나타나는 경우와 그렇지 않은 경우가 존재한다는 사실을 경험적으로 명시했다.

특히 한국어의 「V-시작하다」문은 대격이 나타나지 않는 「V-기-시작하다」문과 대격이 나타나는 「V-기-를-시작하다」문이라는 두 가지 형식으로 나타나며, 전자에는 재구조화 현상이 나타나지만, 후자에는 재구조화 현상이 나타나지 않는다는 사실을 명시했다.

이러한 사실은 수동화 현상, 존경어법 현상, NPI와 Neg의 분포 현상, 「だけ(dake)」와 Neg의 스코프(scope) 현상, 「만」과 Neg의 스코프 현상을 들어 명시할 수 있었다.

또한, 한국어의 대격이 나타나지 않는 「V-기-시작하다」문에는 재구조화 현상이 나타나지만, 대격이 나타나지 않는 「V-기-를-시작하다」문에는 재구조화 현상이 나타나지 않는다는 사실을 관찰하여, 재구조화 현상에 나타나는 제약의 하나로서 「대격」제약을 제시하였다.

(95) 「대격」제약(=(85))
　　대격에 의해 내포절이 표시되고 있는 복문에는 재구조화 현상이 나타나지 않는다.

이러한 「대격」제약은 계속을 나타내는 일본어의 「V-續ける(tuzukeru)」문과 한국어의 「V-계속하다」문, 종료를 나타내는 일본어의 「V-終える(oeru)」문과 한국어의 「V-끝내다」문에서 관찰되는 NPI와 Neg의 분포 현상과 「だけ(dake)/만」과 Neg의 스코프 현상으로부터도 확인할 수 있었다.

또한, 하나의 형식으로 나타나는 일본어의 「V-始める(hazimeru)」

문에 대해서, 두 가지 형식으로 대응하여 나타나는 한국어의 「V－기－시작하다」문과 「V－기－를－시작하다」문 사이에는 각각 재구조화 현상이 나타나는 「V－始める(hazimeru)」문과 「V－기－시작하다」문, 그리고 재구조화 현상이 나타나지 않는 「V－始める(hazimeru)」문과 「V－기－를－시작하다」문의 대응관계가 존재한다는 사실도 제시하였다.

제4장

재구조화 현상과 「V－て(te)－보조동사」문,
「V－아/어－보조동사」문

4.1. 서론

　본 장에서는 일본어의 「V－て(te)－보조동사」문과 한국어의 「V－아/어－보조동사」문에서도 재구조화 현상을 관찰할 수 있다는 사실을 명시함과 동시에, 이들 문이 보여 주고 있는 재구조화 현상의 유무에 관한 자료를 근거로 내포절 안에 부정사(Neg)가 나타나면, 재구조화 현상은 나타나지 않는다는 「＋Neg」제약을 제시할 것이다.

　구체적으로는 일본어의 「Vてみる(temiru)」문과 이와 대응하여 나타나는 한국어의 「V－아/어－보다」문의 존경어법 현상, 부정사 현상, 대용표현 현상, NPI와 Neg의 분포 현상, 「だけ(dake)」와 Neg의 스코프 현상을 관찰하고, 「Vてみる(temiru)」문과 「V－아/어－보다」문에서도 재구조화 현상이 나타난다는 사실을 명시할 것이다. 또한 내포절과 보조동사 사이에 부정사(Neg)가 개입할 경우, 「Vてみる(temiru)」문과 「V－아/어－보다」문에서는 재구조화 현상이 나타나지 않는다는 사실을 근거로 재구조화 현상은 Neg에 의해 차단된다는 「＋Neg」제약을 제시할 것이다.

　나아가 다른 일본어의 「V－て(te)－보조동사」문과 이에 대응하는 한국어의 「V－어/아－보조동사」문에서도 재구조화 현상을 관찰할 수 있음을 보일 것이다. 그리고 「Vてみる(temiru)」문과 「V－아/어－보다」문에서 제시한 「＋Neg」제약에 대해서도, 한국어의 「V－어/아－두다」문이 보여 주는 경험적 자료로부터 그 타당성을 확인할 것이다.

참고로, 본서에서 다루는 일본어의 「V－て(te)－보조동사」문은 寺村(1984)가 이차적인 어스펙트 형식이라고 부르고 있는 문들이며, 한국어의 「V－아/어－보조동사」문은 이들 일본어에 대응하는 문들이다.[45]

4.2. 선행연구

통사적인 입장에서 보면, 일본어의 「V－て(te)－みる(miru)」문은 「V－て(te)－보조동사」문에 관한 논의의 일부로 다루어져 왔을 뿐, 특별히 「V－て(te)－みる(miru)」문만을 구체적으로 논의한 연구는 보이지 않는다. 이는 몇몇 연구에서 보여 주고 있는 「V－て(te)－보조동사」문의 논의가 「V－て(te)－みる(miru)」문에도 적용되리라는 전제가 있기 때문이다. 이와 같은 사정은 「Vている(teiru)」문, 「Vてある(tearu)」문을 제외한 다른 보조동사문(「Vておく(teoku)」문, 「Vてしまう(tesimau)」문 등)에 있어서도 마찬가지이다. 그러나 이와 같은 전제는 경험론적인 논의가 반드시 이루어져야만 하는 과제를

---

45) 「Vている(teiru)」문에 대응하는 한국어의 「V－고 있다」문과 「Vてしまう(tesimau)」문에 대응하는 한국어의 「V－어 버리다」문, 「V－고 말다」문에 대해서는 논의의 편의상 제5장에서 다룰 것이다.

안고 있다고 할 수 있다.

본 절에서는 柴谷(1978), 影山(1993), 三原(1997), 竹澤(2004)의 논의를 개관하고, 일본어에 있어서 몇몇 보조동사문을 제외한 개개의 보조동사문에 대한 본격적인 논의는 아직 이루어지고 있지 않다는 사실을 보일 것이다.[46]

4.2.1. 柴谷(1978)

柴谷(1978)은 「V－て(te)－보조동사」문 중에서 특히 보조동사가 「もらう(morau)」, 「やる(yaru)」, 「くれる(kureru)」, 「ほしい(hosii)」인 문을 들어, 이들 문은 심층구조에서는 복문구조를 이루고 있으나, 파생과정에서 술어복합화규칙이 적용되어 표층구조에서는 「呼ん－で－もらう(yon－de－morau)」, 「呼ん－で－やる(yon－de－yaru)」, 「呼ん－で－くれる(yon－de－kureru)」, 「呼ん－で－ほしい(yon－de－hosii)」와 같은 복합 술어절을 형성한다고 주장하고 있다.[47] 또한 이와 같은 주장은 다른 「V－て(te)－보조동사」문인 「Vてみる(temiru)」문, 「Vておく(teoku)」문, 「Vてある(tearu)」문, 「Vてしまう(tesimau)」문에도 똑같이 적용된다고 지적하고 있다.[48]

---

46) 본서에서 제시하고 있는 「Vてみる(temiru)」문에 나타나는 재구조화 현상의 「＋Neg」제약은 竹沢(2004), Wurmbrand(2001)를 지지하는 것이다.

47) 柴谷(1978)의 이와 같은 지적은(柴谷는 직접적으로 언급하고 있지 않으나) 이들 문에 재구조화 현상이 나타난다는 사실을 시사하고 있다.

48) 柴谷(shibatani)의 이와 같은 지적에도 불구하고, 개별 보조동사문에 대한 구체적이고 본격적인 논의라고 하기에는 어려움이 있어 보인다. 柴谷의 이와 같은 지적은 복합 술어라는 측면의 예측 가능성에 한하여 언급한 것이기 때문이다. 또한 이러한 예측 가능성은 반드시 경험적으로 검증되어야만 하는 과제를 안고 있다.

예를 들어, 「Vてもらう(temorau)」문이 복문이라는 증거로 柴谷는 (1a)~(1c)와 같은 현상을 제시하고 있다.

(1) a. 太郎－は [花子iに 自分iの 部屋へ 行]っ－て もらっ－た。

　　　 타로우－Nom 하나코i에게 자신i의 방으로 가－te morat－Past

　　　 "타로우는 하나코에게 자신의 방으로 가도록 했다"

　　 b. 私－は 失礼な お客さんに お歸り－になっ－て もらっ－た。

　　　 나－Nom 무례한 손님에게 돌아가－H－te morat－Past

　　　 "나는 무례한 손님에게 돌아가시도록 했다"

　　 c. 私－は 先生に わざわざ 家－まで いらっし－て いただ

　　　 い－た。

　　　 나－Nom 선생님에게 일부러 집－까지 오－H－te itadai－

　　　 Past

　　　 "나는 선생님에게 일부러 집까지 오시게 했다"

(1a)에 있어서, 재귀대명사인 「自分(zibun)」이 지적하고 있는 선행사는 「太郎(tarou)」가 아닌 「花子(hanako)」이다. 柴谷의 지적대로, 주어는 재귀대명사화를 일으키는 역할을 한다고 생각하면, (1a)의 현상으로부터 [s 太郎は [s 花子に花子の部屋に行っ] てもらった]와 같은 구조라고 생각할 수 있으므로, 「Vてもらう(temorau)」문이 복문임을 보여 주고 있다고 할 수 있다.

(1a)와 (1c)의 경우 역시, 주어는 존경어화를 일으키는 역할을 한다는 柴谷의 지적을 고려하면, (1b)에서는 「歸(가)」의 존경어인 「お歸りになる(돌아가시다)」가 자신의 주어로서 「私(나)」가 아닌 「お

客さん(손님)」이라는 점으로부터, [s 私 [s お客さんにお歸りに
なっ] てもらった]와 같은 복문이라고 생각할 수 있다. 마찬가지로,
(1c)에서는 「來(오)」의 존경어인 「いらす(오시다)」가 자신의 주어로
서 「私(나)」가 아닌 「先生(선생님)」을 취하고 있으므로, (1c)는 [s
私 [s 先生にわざわざ家までいらっし] ていただいた]와 같은 복문
이라고 생각할 수 있다.

(2)

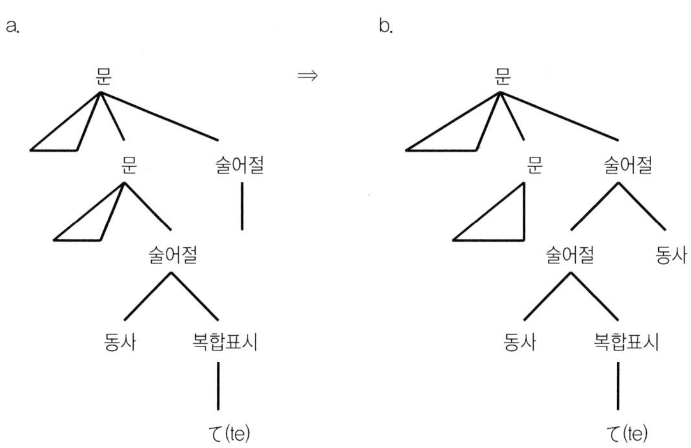

　(2a)에서 (2b)와 같은 파생과정을 거쳐, 「Vてもらう(temorau)」문
의 「Vてもらう(temorau)」는 표층 레벨에 있어서 복합술어절로서 나
타나게 된다. 柴谷는 「Vてもらう(temorau)」문에 대한 이와 같은 분
석이 다른 「V－て(te)－보조동사」문에도 똑같이 적용된다고 주장하
고 있다.49)

____

49) 柴谷의 이러한 주장에서도 불구하고, 개별의 「V－て(te)－보조동사」문에 대한 경험론적인

4.2.2. 影山(1993)

影山(1993)은 「V－て(te)－V」문이 복문임을 주장하기 위해, 먼저 「V－て(te)－V」 형태가 하나의 단어로서 기능하지 못한다는 사실을 보여 주었다.

(3) a. 食糧－を 買い込ん－で－サエ－おい－た。

　　　식량－Acc 사 담－de－조차(sae)－두－Past

　　　"식량을 사 담아 조차 두었다"

　　b. 遊ん－で－バカリ－い－る。

　　　놀－de－만(bakari)－있－Pres

　　　"놀고만 있다"

(4) a. *切符の 買っ－て－おき－方

　　　차표를 사－te－oka－법

　　　"차표를 사 두는 법"

　　b. *遊ん－で－い－方

　　　놀－de－있－법

　　　"놀고 있는 법"

　　c. *ローンの 拂っ－て－しまい－方

　　　대출의 갚－te－버리－법

　　　"대출을 갚아 버리는 법"

증거 제시는 과제로 남아 있다.

d. *推薦狀の 書い－て－もらい－方

추천장의 쓰－te－받－법

"추천장을 써 받는 법"

e. *新しい 機械の 使っ－て－み－方

새로운 기계의 쓰－te－보－법

"새로운 기계의 써 보는 법"

(3)은 부조사인 「さえ(sae)」나 「ばかり(bakari)」가 「Vて(te)」와 「V」
사이에 개입할 수 있다는 사실을 보여 주고 있으며, 이는 「V－て
(te)－V」가 하나의 단어로서 기능하고 있지 못하고 있음을 말해 주
고 있다.

또한 일본어의 명사화 접사인 「方(kata)」는 일반적으로 단순어나
합성어 뒤에 자유롭게 나타날 수 있음에도 불구하고, (4)는 부적격
으로 나타나고 있다. 이는 「V－て(te)－V」가 하나의 단어로서 기능
하고 있지 못하다는 사실을 보여 주는 현상이라고 할 수 있다.

(3)과 (4)가 보여 주고 있는 이러한 사실들은 「V－て(te)－V」문이
복문임을 시사하고 있다. 이 외에도 影山는 「V－て(te)－V」문이
복문이라는 사실을 수동화 현상을 통해 검증하고 있다. 예를 들어,
「Vてしまう(tesimau)」문의 수동화 현상은 다음과 같이 나타난다.

(5) a. 櫻の木－を 切っ－て－しまっ－た。

벗나무－Acc 자르－te－버리－Past

"벗나무를 잘라 버렸다"

b. *櫻の木－が 切っ－て－しま－われ－た。

벚나무 – Nom 자르 – te – 버리 – <u>Pass</u> – Past

c. <u>櫻の木 – が</u> 切 – <u>られ</u> – て – しまっ – た。

벚나무 – Nom 자르 – <u>Pass</u> – te – 버리 – Past

(6) a. ボーナスで 買っ – た パソコン – を 子供 – が 壊し – て – しまっ – た。

보너스로 사 – Past 컴퓨터 – Acc 아이 – Nom 부수 – te – 버리 – Past

"보너스로 산 컴퓨터를 아이가 부숴 버렸다"

b. *ボーナスで 買っ – た <u>パソコン – が</u> 子供に 壊し – て – しま – <u>われ</u> – た。

보너스로 사 – Past <u>컴퓨터 – Nom</u> 아이에게 부수 – te – 버리 – <u>Pass</u> – Past

c. ボーナスで 買っ – た <u>パソコン – が</u> 子供に 壊 – <u>され</u> – て – しまっ – た。

보너스로 사 – Past <u>컴퓨터 – Nom</u> 아이에게 부수 – <u>Pass</u> – te – 버리 – Past

(5b)와 (6b)의 부적격성은 「てしまう(tesimau)」가 직접 수동화될 수 없음을 보여 주고 있다. 이는 (5a)와 (6a)에 나타나는 목적어(「木を(나무를)」, 「パソコンを(컴퓨터를)」)와 「てしまう(tesimau)」가 서로 다른 절 안에 나타나고 있음을 말해 준다. 그러므로 (5a)와 (6a)는 각각 [s [s 櫻の木を切]ってしまう]], [s [s ボーナスで買ったパソコンを子供が壊し] てしまう]와 같은 복문구조라고 생각할 수 있다.

影山는 이상에서 제시한 단일어화 현상, 수동화 현상은 다른 「V－
て(te)－V」문에서도 똑같이 적용된다고 지적하고 있다.[50]

4.2.3. 三原(1997)

三原(1997)은 대용표현 현상, 존경어법 현상, 수동화 현상을 통
해서, 「Vている(teiru)」문이 복문임을 명시하고 있다.

(7) a. 土井さん－が 運動場で 走っ－て－い－る。
　　　　도이 씨－Nom 운동장에서 달리－te－있－Pres
　　　　"도이 씨가 운동장에서 달리고 있다"
　　　　よく見ると、向こうの方で 奥さんも そうし－て－い－る。
　　　　잘 보니, 저쪽 편에서 부인도 그러하－te－있－Pres
　　　　"잘 보니, 저쪽 편에서 부인도 그러(하)고 있다"

　　　b. 數年前まで 亞紀－は 橫浜の酒場で 歌っ－て－い－た。
　　　　수년 전까지 아키－Top 요코하마의 술집에서 노래－te－
　　　　있－Past
　　　　"수년 전까지 아키는 요코하마의 술집에서 노래하고 있었다"
　　　　さゆりも そうし －て－い－た そうだ。
　　　　사유리도 그러하－te－있－Past 한다

---

50) 影山(1993)은 이와 같은 주장이 「Vてくる(tekuru)」문과 「Vて行く(teiku)」문에는 적용되지
　　 않는다고 지적하고 있다.

“사유리도 그러(하)고 있었다 한다”

(8) 田中先生－は 隣の部屋で お－休み－になっ－て－い－る。
    타나카 선생님－Top 옆방에서 쉬－<u>H</u>－te－있－Pres
    “타나카 선생님은 옆방에서 쉬시고 계신다”

(9) a. 最近 <u>この本</u>－が よく 讀ま－<u>れ</u>－て－い－る。
       최근 <u>이 책</u>－Nom 잘 읽－<u>Pass</u>－te－있－Pres
       “최근 이 책은 잘 읽히고 있다”
    b. <u>太郎</u>－が 先生に 叱－<u>られ</u>－て－い－る。
       <u>타로우</u>－Nom 선생님에게 야단－<u>Pass</u>－te－있－Pres
       “타로우가 선생님에게 야단맞고 있다”

(7a)와 (7b)는 대용표현 「そうする(sousuru)」가 「運動場で走(운동장에서 달리)」, 「横浜の酒場で歌(요코하마의 술집에서 노래하)」를 대신하여 사용할 수 있음을 보여 주고 있다. 이는 문의 성분을 대용할 수 있는 「そうする(sousuru)」라는 일본어 표현의 특징을 보여 주는 것이다.

(7a)와 (7b)의 현상만으로는 「Vている(teiru)」문이 복문이라는 보장은 성립하지 않지만, 「Vている(teiru)」문에서 나타나는 존경어법 현상((8))과 수동화 현상((9))을 염두에 둔다면, (7)에서 보여 주고 있는 「そうする(sousuru)」에 의한 대용표현 현상은 「Vている(teiru)」문이 복문이라는 간접적인 증거로 제시될 수 있다. (8)은 존경어형이 내포절의 동사에 나타난다는 사실로부터 「Vている(teiru)」문이 복문

 단문과 복문에 관한 문법론

이라고 생각할 수 있으며, (9)는 내포절의 동사가 수동형으로 나타나고 있는 사실로부터 「Vている(teiru)」문이 복문이라고 생각할 수 있다.

　三原는 (7)~(9)와 같은 현상을 근거로, 「Vている(teiru)」문의 구조를 (10)과 같이 가정하고 있다.

(10) [s …… [vp [s …… [vp …… Vて]]] いる]

　三原는 이와 같은 분석이 다른 「V－て(te)－보조동사」문에도 적용된다는 직접적인 언급은 피하고 있지만, 본서에서 관찰하고 있듯이, 三原의 이와 같은 분석은 「Vている(teiru)」문 이외의 「V－て(te)－보조동사」문에서도 적용될 수 있다.

4.2.4. 竹沢(2004)

　竹澤(2004)은 「Vておく(teoku)」문이 복문이라는 사실을 NPI와 Neg의 분포 현상, 존경어법 현상을 통해서 보여 주고 있다.

(11) a. *太郎－しか 走ら－ない－で－おい－た。
　　　 타로우－sika 달리－Neg－de－oka－Past
　　　 "타로우밖에 달리지 않아 두었다"
　　 b. 太郎－しか 走っ－て－おか－なかっ－た。
　　　 타로우－sika 달리－te－oka－Neg－Past

"타로우밖에 달려 두지 않았다"

(11a)의 적격성은 NPI와 Neg의 동일절 내 제약을 고려하면, 「太郎しか(타로우밖에)」가 내포절 안에 나타나고 있지 않음을 보여 주고 있다. 한편, (11b)의 적격성은 「太郎しか(타로우밖에)」가 주절 안에서 나타나고 있음을 보여 주고 있다. 다시 말해, (11a)와 (11b)의 대비는 「Vておく(teoku)」문이 복문이라는 사실을 보여 주고 있다고 할 수 있다.

(12) a. 先生-が お歩き-になっ-て/なら-ない-で-おい-た。
　　　　선생님-Nom 걷-H-te/H-Neg-de-oka-Past
　　　b. 先生-が お歩き-になっ-て/なら-ない-で-おか-れ-た。
　　　　선생님-Nom 걷-H-te/H-Neg-de-oka-H-Past

竹澤의 지적대로, 존경어는 동일절 내의 주어 위치의 「+ Honorable」 자질을 갖고 있는 DP와 일치해야만 한다면, (12a)는 존경어가 내포절 안에 나타나고 있음을 보여 주고 있다고 할 수 있으며, (12b)는 존경어가 내포절 혹은 주절의 어느 한쪽에서 나타나고 있음을 보여 주고 있다. (12)가 보여 주고 있는 이와 같은 존경어법 현상 역시 「Vておく(teoku)」문이 복문이라는 사실을 보여 주는 증거로 제시할 수 있다.

극히 간략하게 상술한 선행연구였으나, 이상과 같은 선행연구로부터 「V-て(te)-보조동사」문은 복문구조라고 생각할 수 있다. 그러나 재구조화 현상과 관련한 개개의 「V-て(te)-보조동사」문에

대해서는 아직까지 본격적으로 연구되지 않고 있는 상태이며, 「V－
て(te)－보조동사」문이 반드시 복문으로서만 기능하고 있는지 아닌
지에 대한 본격적인 논의도 이루어져 있지 않고 있다. 실제로 다음
본론에서 관찰하고 있는 몇몇 현상으로부터는 「Vてみる(temiru)」과
「V－て(te)－보조동사」문이 복문으로서의 기능과 단문으로서의 기
능을 모두 갖고 있음을 알 수 있다.[51]

4.3. 「Vてみる(temiru)」문과 「V－아/어－보다」문

본 절에서는 「Vてみる(temiru)」문과 「V－아/어－보다」문이 복문
구조로서도, 단문구조로서도 기능하고 있다는 증거를 제시할 것이
다. 다시 말해, 「Vてみる(temiru)」문과 「V－아/어－보다」문은 초기
구조에서는 복문구조이지만, 표면 레벨에서는 재구조화 현상이 나
타난 단문구조라는 사실을 명시할 것이다.[52]

    (13) a. 花子－は 餅－を 食べ－て－み－た。

         하나코－Top 떡－Acc 먹－te－보－Past

      b. 하나코는 떡을 먹어 보았다.

      c. 하나코는 떡을 먹고 보았다.

---

51) 「Vてある(tearu)」문, 「Vておく(teoku)」문, 「Vてみる(temiru)」문이 단문일 가능성은 竹沢
　　(2000/2004)에서 지적되고 있다. 그러나 이들 문에 나타나는 단문의 기능에 대한 구체적인
　　분석은 이루어지고 있지 않다.

52) 본서에서 「V－어 보다」문만 든 이유는 일본어의 「V－て(te)－보조동사」문과 이에 대응하
　　는 한국어에도 재구조화 현상이 나타난다는 사실을 제시하기 위해서이다.

(14) a. 子供－が　泣い－て－み－た。

　　　아이들－Nom　울－te－보－Past

　　b. 아이들이　울어　보았다.

　　c. 아이들이　울고　보았다.

　(13a), (14a)에 대한 (13b), (14b)와 (13c), (14c)가 보여 주고 있듯이, 일본어의 「Vてみる(temiru)」문에 대응하는 한국어는 「V－아/어－보다」문과 「V－고－보다」문이라고 생각할 수 있다. 본 절에서는 한국어의 「V－아/어－보다」문만을 다루도록 할 것이다.

4.3.1. 복문구조의 검증

　우선 「Vてみる(temiru)」문과 「V－아/어－보다」문이 복문구조라는 사실을 검증해 나갈 것이다. 「Vてみる(temiru)」문과 「V－아/어－보다」문이 복문구조임을 명시하기 위해 제시할 증거는 존경어법 현상과 대용표현 현상이다.

4.3.1.1. 존경어법 현상

　본서의 3장에서 명시한 바와 같이, 존경어법 현상은 주어와 존경어의 국소적인 영역에서 나타나는 일치현상이라고 할 수 있다. 3.4.1.2.의 (55)에서 명시한 「주어－(V)H」의 일치관계는 다음과 같다.

(15)

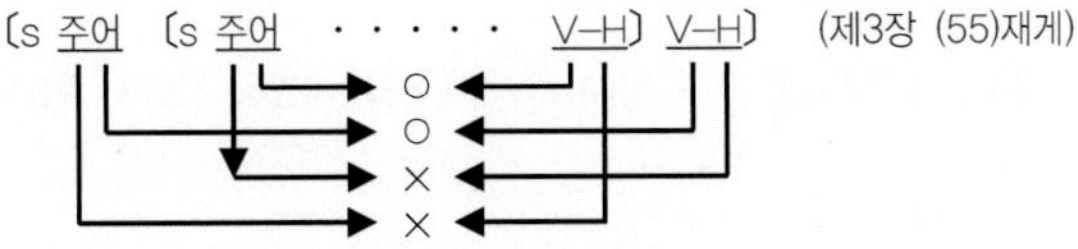

(15)를 받아들일 수 있는 경험적인 자료는 (16)이다.

(16) a. 田中先生－が オモチャ－を 買－う－こと－を 決め－た。

　　　타나카　선생님－Nom　장난감－Acc　사－Pres－Cp－Acc

　　　정－Past

　　　"타나카 선생님이 장난감을 사는 일을 정했다"

　　b. 田中先生－が オモチャ－を お買い－にな－る－こと－

　　　を 決め－た。

　　　타나카　선생님－Nom　장난감－Acc　사－<u>H</u>－Pres－Cp－

　　　Acc 정－Past

　　c. 田中先生－が オモチャ－を 買－う－こと－を お決め－

　　　になっ－た。

　　　타나카　선생님－Nom　장난감－Acc　사－Pres－Cp－Acc

　　　정－<u>H</u>－Past

　　d. 田中先生－が オモチャ－を お買い－にな－る－こと－を

　　　お決め－になっ－た。

　　　타나카 선생님－Nom　장남감－Acc　사－<u>H</u>－Pres－Cp－

　　　Acc 정－H－Past

e. *田中先生－が　オモチャ－を　お買－う－こと－を　決め－
　　になっ－た。
타나카　선생님－Nom　장난감－Acc　사－Pres－Cp－Acc
정－<u>H</u>－Past

(16b)는 「こと(koto)」절을 안고 있는 복문에 나타나는 존경어법 현상으로, 존경어형은 내포절 동사 뒤에만 나타난다는 사실을 보여 주고 있다. (16c)는 존경어형이 주절동사 뒤에만 나타난다는 사실을 보여 주고 있으며, (16d)는 존경어형이 내포절 안의 동사와 주절의 동사 뒤에 동시에 나타날 수 있음을 보여 주고 있다.

(15)에서 명시한 주어와 존경어와의 국소성을 고려하면, (16b)〜(16e)가 보여 주고 있는 사실은 (16a)가 (17a)와 같은 복문구조라는 사실이며, (17b)와 같이 설명 가능하게 한다.

(17)

a. 〔s 田中先生－が〔s田中先生－が　　　オモチャ－を 買－う〕－こと－を 決め－た〕
　　타나카선생님－Nom 타나카선생님－Nom 장난감－Acc 사－Pres－Cp－Acc 정－Past
b. 〔s 田中先生が〔s田中先生がオモチャを買－H〕ことを決め－H〕

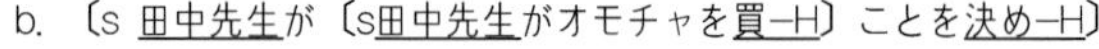
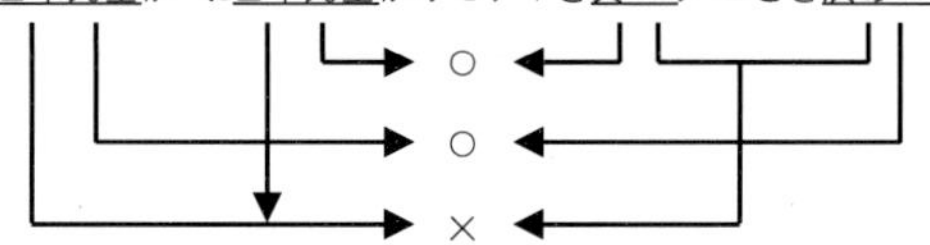

존경어법 현상과 관련한 국소적인 일치관계를 염두에 두고, 「V てみる(temiru)」문에 나타나는 존경어법 현상을 살펴보도록 하자.

　단문과 복문에 관한 문법론

(18) a. <u>金先生</u>－は 新しい ソファーで <u>お休み</u>－に<u>なっ</u>－て－み－た。

　　　김 선생님－Top 새로운 소파에서 쉬－<u>H</u>－te－보－Past

　　　"김 선생님은 새로운 소파에서 쉬시어 보았다"

b. あの <u>お客さま</u>－は、いつも 新しい お酒－を <u>お飲み</u>－に<u>なっ</u>－
　　　て－み－る。

　　　그 손님－Top, 언제나 새로운 술－Acc 드－<u>H</u>－te－보－Pres

　　　"그 손님은 언제나 새로운 술을 마시어 본다"

c. <u>先生方</u>、アインシュタインの論文－を <u>お読み</u>－に<u>なっ</u>－て－み－
　　　て－は?

　　　<u>선생님들</u>, 아인슈타인의 논문－Acc 읽－<u>H</u>－te－보－te－
　　　은/는

　　　"선생님들, 아인슈타인의 논문을 읽으시어 보는 것은?"

d. <u>あの 方達</u>－が お氣輕に お聲－を <u>おかけ</u>－に<u>なっ</u>－て－
　　　く－る ので、……。

　　　<u>저분들</u>－Nom 가볍게 말－Acc 건네－<u>H</u>－te－오－Pres
　　　므로, ……

　　　"저분들이 가볍게 말을 건네시어 오므로 ……"

(19) a. *<u>金先生</u>－は 新しい ソファーで <u>お休ん</u>－で－み－に<u>なっ</u>－た。

　　　<u>김 선생님</u>－Top 새로운 소파에서 쉬－de－보－<u>H</u>－Past

　　　"김 선생님은 새로운 소파에서 쉬어 보시었다"

b. *あの <u>お客さま</u>－は、いつも 新しい お酒－を <u>お飲ん</u>－
　　　で－み－に<u>な</u>－る。

　　　<u>저 손님</u>－Top 언제나 새로운 술－Acc 마－de－보－<u>H</u>－Pres

"저 손님은 언제나 새로운 술을 마셔 보신다"

c. *<u>先生方</u>、アインシュタインの論文－を <u>お</u>讀ん－で－み－
になっ－て－み－て－は?

<u>선생님들</u>, 아인슈타인의 논문－Acc 읽－de－보－<u>H</u>－te－
보－te－은/는

"선생님들, 아인슈타인의 논문을 읽어 보시어 보는 것은?"

d. *あの 方達－が お氣輕に お聲－を <u>お</u>かけ－て－み－に
なっ－て－く－る ので、……。

저분들－Nom 가볍게 말－Acc 건네－te－보－H－te－
오－Pres (이)므로

"저분들이 가볍게 말을 건네셔 와서 ……"

(15)에서 명시한 바와 같이 국소적인 영역에서의 주어와 존경어 (H)의 일치관계를 생각하면, (18)의 적격성과 (19)의 부적격성은 「V てみる(temiru)」문이 (20)과 같은 단문구조가 아닌, (21)과 같은 복문구조를 보여 준다고 할 수 있다.[53]

(20) * [s 주어 […… V－て(te)]みる(miru)－[＋H]]

(21) a. [s 주어i [s ti …… V－[＋H]] みる(miru)]

    b. [s 주어i [s PROi …… V－[＋H]] みる(miru)]

---

53) 竹沢(2004)에서도 지적되고 있는 바와 같이, 「V－て(te)－おく(oku)/みる(miru)」문은 컨트롤 구조라 할 수 있다. 여기에서 제시한 (21a)의 상승구조는 「V－て(te)－みる(miru)」문의 내부구조를 구체적으로 나타낸 작업이라기보다는 하나의 가능성을 제시한 것이다.

존경어법 현상에 있어서 「Vてみる(temiru)」문이 보여 주고 있는 이상과 같은 현상(복문의 기능)은 한국어의 「V – 아/어 – 보다」문에 있어서도 똑같이 관찰할 수 있다.

한국어의 존경어형은 「(으)시」[54]이며, 동사의 뒤에 붙어 존경어를 만든다.

(22) a. 김 선생님이 구두를 신으시어 보았다.

　　 b. 김 선생님이 구두를 신으시어 보시었다.

　　 c. 그 손님은 새로운 술을 드시어 보았다.

　　 d. 그 손님은 새로운 술을 드시어 보시었다.

(22)는 「V – 아/어 – 보다」문에 나타나는 존경어법 현상을 보여 주고 있다. (22a), (22c)는 내포절의 동사 뒤에 존경어형 「시」가 나타날 수 있음을 보여 주고 있다. (22b), (22d)는 내포절의 동사와 주절의 동사 양쪽 모두에 존경어형 「시」가 나타날 수 있음을 보여 주고 있다.

(15)에서 명시한 주어와 존경어의 국소적인 일치관계를 생각하면, (22a), (23c)는 (23a)와 같이 나타낼 수 있으며, (22b), (22d)는 (23b)와 같이 나타낼 수 있다.

---

54) 한국어의 존경어형은 「으시」와 「시」로 나타나나, 「으시」와 「시」는 동의이형태소이다. 양자의 구별은 앞에 오는 문자가 자음으로 끝나는 경우에는 「으시」를, 모음으로 끝나는 경우에는 「시」를 선택한다.

(23)

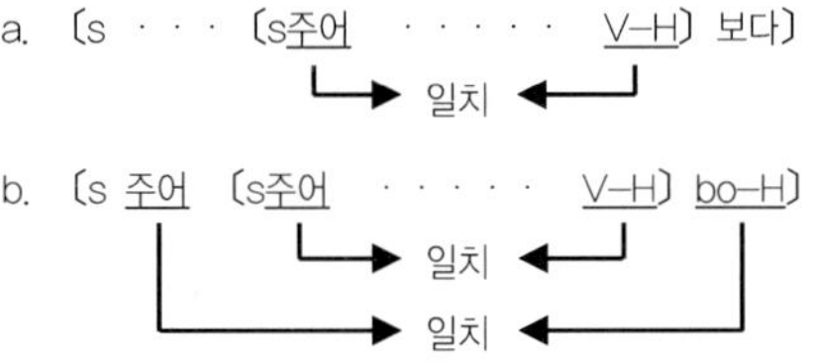

그러므로 (22)가 보여 주고 있는 사실은 「V-아/어-보다」문이
복문구조임을 보여 주고 있다고 할 수 있다.

4.3.1.2. 대용표현 현상55)

三原(1997)의 지적대로, 일본어의 「そうする(sousuru)」에 의한 대
용현상에 있어서 중요한 점은 「そうする(sousuru)」는 직접목적어가
존재하는 경우 반드시 직접목적어를 포함하는 대용을 한다는 것이
며, 대용된 범위는 하나의 성분이라고 생각할 수 있다는 점이다.

이와 같은 사실을 보여 주기 위해서 三原가 제시한 증거는 (24a∼
b)의 적격성과 (24c)의 부적격성이다.

(24) a. 太郎 - は [vp 息子に 理科 - を 教え - た]。

　　　타로우 - Top 아들에게 자연 - Acc 가르치 - Past

---

55) 대용표현은 문 중의 요소가 하나의 구성소를 이루고 있는지 아닌지를 나타내는 테스트로서,
유효한 것으로 문을 이루는지 아닌지를 판별하는 테스트가 아니다. 그러므로 대용표현 현상
만을 가지고 문이 복문구조인지 단문구고인지를 직접 언급할 수는 없다. 그러나 4.3.1.1.절
의(존경어화 현상) 테스트로부터 「Vてみる(temiru)」문이 복문이라는 증거를 이미 제시하고
있다는 사실로부터, 이들 증거를 근거로 하여 「Vてみる(temiru)」문의 내포절 안에 나타나는
「직접목적어-V」를 대용표현 「そうする」로 대용할 수 있다고 예측할 수 있으며, 이 예측을
확인함으로써 「Vてしまう(tesimau)」문이 복문이라는 사실을 한층 더 지지할 수 있게 된다.

"타로우는 아들에게 자연을 가르쳤다"

花子も そうし－た。

하나코 그러하－Past

"하나코도 그러했다"

  b. 太郎－は 息子に [v' 理科－を 教え－た]。

    타로우－Top 아들에게 자연－Acc 가르치－Past

    花子－は 娘に そうし－た。

    하나코－Top 딸에게 그러하－Past

  c. 太郎－は 息子に 理科－を [v 教え－た]。

    타로우－Top 아들에게 자연－Acc 가르치－Past

    *花子－は 娘に 理科－を そうし－た。

    하나코－Top 딸에게 자연－Acc 그러하－Past

「そうする(sousuru)」가 대용할 수 있는 성분은 적어도 직접목적어를 남기지 않는다는 (24)의 사실을 염두에 두고, 「Vてみる(temiru)」문에 나타나는 「そうする(sousuru)」의 대용 현상을 살펴보도록 하자.

(25) a. 彼－は 懷かしい 音樂の音で 足－を 止め－て－み－た。

    그－Top 낯익은 음악소리에 발길－Acc 멈추－te－보－Past

    "그는 낯익은 음악 소리에 발길을 멈추어 보았다"

  a´. 彼女も その 音樂の音で そうし－て－み－た。

    그녀도 그 음악소리에 그러하－te－보－Past

  a″. ??彼女も その 音樂の音で そうし－た。

    그녀도 그 음악소리에 그러하－Past

b. ゲスト1－は ユーザー登録－を やめ－て－み－た。

　게스트1－Top 사용자등록－Acc 그만두－te－보－Past

　"게스트1은 사용자 등록을 그만두어 보았다"

b´ゲスト2も そうし－て－み－た。

　게스트2도 그러하－te－보－Past

b″??ゲスト2も そうし－た。

　게스트2도 그러하－Past

c. 花子－は 餅－を 食べ－て－み－た。

　하나코－Top 떡－Acc 먹－te－보－Past

　"하나코는 떡을 먹어 보았다"

c´次郎も そうし－て－み－た。

　지로우도 그러하－te－보－Past

c″??次郎も そうし－た。

　지로우도 그러하－Past

　(25a´)－(25c´)의 적격성은 「Vてみる(temiru)」문의 내포절 안의 「직접목적어－V」가 「そうする(sousuru)」에 의해 대용될 수 있음을 보여 주고 있다. 한편, (25a″)－(25c″)의 부적격성은 「Vてみる(temiru)」문의 내포절 안의 「직접목적어－V」와 주절 안의 「みる(miru)」를 「そうする(sousuru)」에 의해 대용할 수 없음을 보여 주고 있다.

　그러므로 (25a－c)는 (26a)와 같은 복문구조로 나타낼 수 있으며, (25a´－c´)와 (25a″－c″)는 각각 (26b)와 (26c)와 같은 「そうする(sousuru)」에 의한 대용된 문으로 나타낼 수 있다.

(26) a. [s 주어i [s 주어i [vp 목적어 - V]] てみる]

b. [s 주어i [s 주어i [そうし]] てみる]

c.??[s 주어i [s 주어i [そうし]] た]

이와 같은 대용표현 현상으로부터, 「Vてみる(temiru)」문이 복문 구조라는 사실을 보여 주는 다른 예들을 살펴보기로 하자.

(27) a. 先生たち-は 飛行機-を 作っ-て-み-た。

선생님들-Top 비행기-Acc 만들-te-보-Past

"선생님들은 비행기를 만들어 보았다"

b. 學生たちも そうし-て-み-た。

학생들도 그러하-te-보-Past

c.??學生たちも そうし-た。

학생들도 그러하-Past

(28) a. 太郎-は 時間-を 無駄に し-て-み-た。

타로우-Top 시간-Acc 낭비하-te-보-Past

"타로우는 시간을 낭비해 보았다"

b. 花子も そうし-て-み-た。

하나코도 그러하-te-보-Past

c.??花子も そうし-た。

하나코도 그러하-Past

(29) a. 子供-が 石-を 投げ-て-み-た。

아이 – Nom 돌 – Acc 던지 – te – 보 – Past

"아이가 돌을 던져 보았다"

b. 母親も そうし－て－み－た

엄마도 그러하 – te – 보 – Past

c.??母親も そうし－た。

엄마도 그러하 – Past

다음은 한국어의 「V－아/어－보다」문에 나타나는 대용표현(「그러하」56)) 현상으로부터 「V－아/어－보다」문이 복문구조임을 명시할 것이다.

(30) a. 철수가 빵을 먹어 보았다.

    b.　[s [s 철수가 빵을 먹어] 보았다]

    c.　영희도 <u>그러해</u> 보았다.

    d.??영희도 <u>그러했다</u>.

(30a)는 (30b)와 같은 구조라고 생각할 수 있다.

(30c)는 (30a)의 내포절 안의 목적어와 동사를 대용표현으로 바꾸어 나타낼 수 있음을 보여 주고 있으며, 한편 (30d)는 (30a)의 내포절 안의 목적어와 동사 그리고 주절의 동사까지를 「그러하다」에 의한 대용으로는 나타낼 수 없음을 보여 주고 있다.

그러므로 (30c)의 적격성과 (30d)의 부적격성도(일본어의 「そうする(sousuru)」에 의한 대용 현상과 마찬가지로) 각각 (31), (32)와 같

---

56) 한국어의 대용표현 「그러하다」는 일본어의 「そうする(sousuru)」에 대응하고 있다.

이 나타낼 수 있다.

(31) a. [s …… [s …… Obj – V] 아/어 보다]

b. [s …… [s …… 그러하] 아/어 보다]

(32) a. [s …… [s …… Obj – V] 아/어 보다]

b. *[s …… [s …… 그러하]]

(31)과 (32)가 보여 주고 있는 바와 같이, (30c)와 (30d)의 사실은
(30a)(「V – 아/어 – 보다」문)가 복문임을 보여 주고 있다.

이상, 일본어의 「Vてみる(temiru)」문과 한국어의 「V – 아/어 – 보
다」문이 복문구조임을 명시했다. 다음 절에서는 「Vてみる(temiru)」
문과 「V – 아/어 – 보다」문을 관찰하여 재구조화 현상이 나타난다는
사실을 명시할 것이다.

4.3.2. 재구조화 현상의 증거

「Vてみる(temiru)」문과 「V – 아/어 – 보다」문에 재구조화 현상이
나타난다는 증거를 제시하기 위해 본 절에서 다루는 현상은 NPI와
Neg의 분포 현상, 「だけ(dake)」와 Neg의 스코프 현상, 「만」과 Neg
의 스코프 현상이다.

4.3.2.1. NPI와 Neg의 분포 현상

제3장에서 명시한 바와 같이, NPI와 Neg 사이에는 일반적으로 동일절 내 제약이 존재한다고 생각할 수 있다. 이와 같은 NPI와 Neg의 동일절 내 제약을 염두에 두고, 「V てみる(temiru)」문과 「V－아/어－보다」문에 나타나는 NPI와 Neg의 분포 현상을 관찰해 보자.

먼저, 「V てみる(temiru)」문에 나타나는 NPI와 Neg의 분포 현상부터 보기로 하자.

(33) a. 管理人は、使用の申し込みのない 人には、<u>何も</u> し－<u>な</u>
<u>い</u>－で－みる－ことも 多かっ－た。

관리인은 사용신청을 안한 사람에게는 <u>아무것도</u> 하－
<u>Neg</u>－de－보는－일도 많－Past

"관리인은 사용신청을 안 한 사람에게는 아무것도 하지
않아 보는 일도 많았다"

b. ためしに、みんな－が <u>何も</u> 受け－<u>ない</u>－で－みる－の－
は どうだろう。

시험 삼아, 모두－Nom <u>아무것도</u> 받－<u>Neg</u>－de－보는－
Cp－Top 어떨까?

"시험 삼아, 모두가 아무것도 받지 않아 보는 것은 어떨까?"

c. 机の <u>上</u>に <u>何も</u> おか－<u>ない</u>－で－み－る－こと－も 一
つの方法では ある。

책상 위에 <u>아무것도</u> 놓－<u>Neg</u>－de－Pres－Cp－도 하나의
방법이긴 하다.

"책상 위에 아무것도 놓지 않아 보는 것도 하나의 방법
이긴 하다"

d. 太朗も そうだったが、花子も 何も し－ない－で－み－
た そうだ。

타로우도 그랬지만, 하나코도 <u>아무것도</u> 하－Neg－de－보－
Past 한다

"타로우도 그랬지만, 하나코도 아무것도 하지 않아 보았
다고 한다"

e. 結局、花子－は 何も 出さ－ない－で－み－た。

결국, 하나코－Top <u>아무것도</u> 내－Neg－de－보－Past

"결국 하나코는 아무것도 내놓지 않아 보았다"

NPI와 Neg의 동일절 내 제약에 따르면, (33)의 사실은 「Vてみる
(temiru)」문의 구조가 (34)와 같은 복문구조임을 보여 주고 있다고
생각할 수 있다.

(34) [s 주어i [s PROi ······ NPI ······ V－Neg] みる]

그러나 한편에서는 「Vてみる(temiru)」문에 나타나는 NPI와 Neg
의 분포 현상이 (35)와 같이 나타나기도 한다.

(35) a. 管理人は、使用の申し込みのない 人には、<u>何も</u> し－て－
み－<u>ない</u>－ことも 多かっ－た。

관리인은 사용신청을 안 한 사람에게는 <u>아무것도</u> 하－te－

보 – Neg – 일도 많 – Past

"관리인은 사용신청을 안 한 사람에게는 아무것도 해 보
지 않은 일도 많았다"

b. ためしに、みんな – が 何も 受け – て – み – ない – の –
は どうだろう。

시험 삼아, 모두 – Nom 아무것도 받 – 아 – 보 – Neg – Cp –
Top 어떨까?

"시험 삼아, 모두가 아무것도 받아 보지 않는 것은 어떨까?"

c. 机の 上に 何も おい – て – み – ない – こと – も 一つの
方法では ある。

책상 위에 아무것도 놓 – 아 – 보 – Neg – Cp – 도 하나의
방법이긴 하다.

"책상 위에 아무것도 놓아 보지 않는 것도 하나의 방법
이긴 하다"

d. 太朗も そうだったが、花子も 何も し – て – み – なかっ –
た – そうだ。

타로우도 그랬지만, 하나코도 아무것도 하 – 어 – 보 – Neg –
Past 한다

"타로우도 그랬지만, 하나코도 아무것도 해 보지 않았다
고 한다"

e. 結局、花子 – は 何も 出し – て – み – なかっ – た。

결국, 하나코 – Top 아무것도 내놓 – te – 보 – Neg – Past

"결국 하나코는 아무것도 내놓아 보지 않았다"

(35)가 보여 주고 있는 사실은 NPI와 Neg의 동일절 내 제약으로
부터, 「Vてみる(temiru)」문의 구조가 (36)과 같은 단문구조라
는 것이다.

(36) [s [주어] ……… [NPI] ……… [Vてみ(temi) − ない(Neg)]]

그러므로 (33)과 (35)가 보여 주고 있는 사실은 「Vてみる(temiru)」
문은 복문구조로서도 단문구조로서도 기능하고 있다는 것이며, (33)
과 (35)의 사실로부터 명시한 (34)와 (36)은 「Vてみる(temiru)」문이
초기구조에서는 복문구조로 나타나지만, 표면 레벨에서는 단문구조
로 나타나고 있음을 보여 주고 있다.

이와 같이 NPI와 Neg의 분포 현상으로부터 「Vてみる(temiru)」문
에 재구조화 현상이 나타나는 다른 예들을 (37)과 같이 들 수 있다.

(37) a. ガリオン−は 何も すませ−て−み−なかっ−た−のです。

　　　　가리온−Top 아무것도 끝내−te−보−Neg−Past−것입
　　　　니다

　　　　"가리온은 아무것도 끝내 보지 않았던 것입니다"

　　b. 誰も 褒め−て−み−な−い うちに、大人に なっ−て−
　　　　いっ−た。

　　　　아무도 칭찬하−te−보−Neg−Pres 사이에, 어른이 되−
　　　　te−가−Past

　　　　"아무도 칭찬해 보지 않는 사이에, 어른이 되어 갔다"

　　c. 何も 無駄にし−て−み−な−い−ように、ネット−を−

使用す－る。

<u>아무것도</u> 소용없－te－보－<u>Neg</u>－Pres－도록, 인터넷－Acc－

사용하－Pres

"아무것도 소용없게 해 보지 않도록, 인터넷을 사용한다"

d. <u>誰も</u> 毆っ－て－み－<u>な</u>かっ－た－ので、今日のこと－は

ショックだっ－た。

<u>아무도</u> 때리－te－보－<u>Neg</u>－Past－때문에, 오늘일－Top

충격이－Past

"아무도 때려 보지 않았기 때문에, 오늘 일은 충격이었다"

e. ここには、<u>何も</u> 書き込ん－で－み－<u>な</u>－い－ように ……。

여기에는 <u>아무것도</u> 써 넣－de－보－<u>Neg</u>－Pres－도록 ……

"여기에는 아무것도 써 넣어 보지 않도록……"

다음은 한국어의 「V－아/어－보다」문에 나타나는 NPI와 Neg의
분포 현상을 살펴보도록 하자.

(38) a. 관리인은 [<u>아무것도</u> 하지 <u>않</u>]아 보았다.

b. 모두가 [<u>아무것도</u> 받지 <u>않</u>]아 보는 것은 좋지 않다.

c. [s 책상 위에 <u>아무것도</u> 놓지 <u>않</u>]아 보는 것도 방법이다.

d. 철수도 그랬지만, 영희도 [<u>아무것도</u> 하지 <u>않</u>]아 보았다.

e. 결국, 영희는 [<u>아무것도</u> 내지 <u>않</u>]아 보았다.

(38)의 NPI와 Neg의 분포 현상이 보여 주고 있는 것은 NPI와
Neg의 동일절 내 제약을 고려하면, 「V－아/어－보다」문의 내포절

을 확인할 수 있다는 사실이다. 즉, (38)의 사실은 「V－아/어－보다」문이 (39)와 같은 복문구조임을 보여 주고 있다.

(39) [s ······ [s NPI－V－Neg－아/어] 보다]

한편, 「V－아/어－보다」문에 나타나는 NPI와 Neg의 분포 현상은 (40)과 같이도 나타난다.

(40) a. 관리인은 [아무것도 해 보지 않]았다.
     b. 모두가 [아무것도 받아보지 않]는 것은 좋지 않다.
     c. [책상 위에 아무것도 놓아 보지 않]는 것도 방법이다.
     d. 철수도 그랬지만, 영희도 [아무것도 해 보지 않]았다.
     e. 결국, 영희는 [아무것도 내 보지 않]았다.

(40)의 NPI와 Neg의 분포 현상 역시, NPI와 Neg의 동일절 내 제약을 고려할 경우, 「V－아/어－보다」문의 내포절 안의 목적어와 주절(「보다」)이 동일절 안에서 나타나고 있다는 사실이다. 다시 말해, (40)의 사실은 「V－아/어－보다」문이 (41)과 같은 단문구조와 같은 모습을 보이고 있음을 말해 주고 있다.

(41) [s ······ [NPI] ······ [V] [아/어] [보다] [Neg]]

4.3.2.2. 「だけ(dake)」, 「만」과 Neg의 스코프 현상

제3장에서 명시한 바와 같이, 「だけ(dake)」가 Neg보다 넓은 스코프를 취하는 경우의 「だけ(dake)」와 Neg의 구조적인 위치관계는 (42a)와 같다고 생각할 수 있다.

(42)

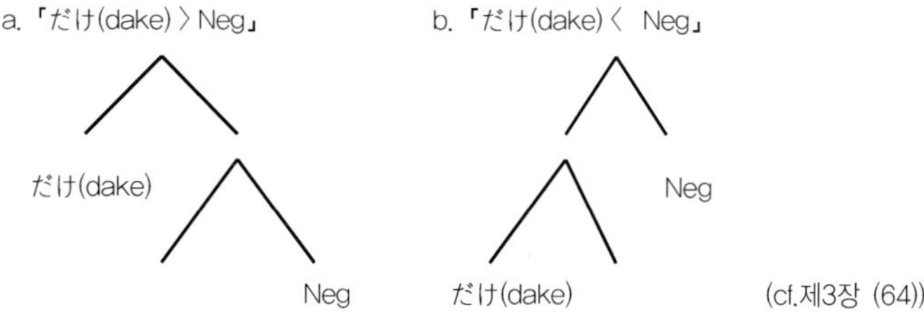

(42)가 보여 주고 있는 것은 「だけ(dake)」가 Neg보다 넓은 스코프를 취하는 경우 Neg는 「だけ(dake)」가 성분통어(c-command)하는 영역 안에 나타나야만 하며, 반대로 「だけ(dake)」가 Neg보다 좁은 스코프를 취하는 경우는 Neg가 「だけ(dake)」를 성분통어하는 위치에 나타나야만 한다는 사실이다.

(42)가 보여 주고 있는 「だけ(dake)」와 Neg의 이와 같은 스코프 현상과 구조상의 위치관계를 염두에 두고, 「Vてみる(temiru)」문에 나타나는 「だけ(dake)」와 Neg의 스코프 현상을 살펴보도록 하자.

(43) a. 太郎-が リンゴ-<u>だけ</u>-を 食べ-て-み-<u>なかっ</u>-た。

　　　타로우-Nom 사과-<u>dake</u>-Acc 먹-te-보-<u>Neg</u>-Past

“타로우가 사과만을 먹어 보지 않았다”

b. 太郎が食べてみなかったのは、唯一リンゴだけ。

「だけ 〉Neg」

“타로우가 먹어 보지 않은 것은 유일하게 사과뿐”

c. 太郎がリンゴだけではなく、他の物も食べてみた。

「だけ 〈Neg」

“타로우가 사과뿐만이 아니라, 다른 것도 먹어 보았다”

(44) a. 君－だけ－を 慰め－て－み－なかっ－た。

　　너－dake－Acc 위로－보－Neg－Past

　　“너만을 위로해 보지 않았다”

b. 慰めてみなかったのは、唯一君だけ。「だけ 〉Neg」

　　“위로해 보지 않은 것은 유일하게 너뿐”

c. 君だけではなく、他の人も慰めてみた。「だけ 〈Neg」

　　“너뿐만이 아니라, 다른 사람도 위로해 보았다”

(45) a. 花子－が 2番の箱－だけ－を 開け－て－み－なかっ－た。

　　하나코－Nom 2번 상자－dake－Acc 열－te－보－Neg－Past

　　“하나코가 2번 상자만을 열어 보지 않았다”

b. 花子が開けてみなかったのは、2番の箱だけ。「だけ 〉Neg」

　　“하나코가 열어 보지 않은 것은 유일하게 2번 상자뿐”

c. 2番の箱だけではなく、他の番号の箱も開けてみた。

「だけ 〈Neg」

“2번 상자뿐만이 아니라, 다른 번호의 상자도 열어 보았다”

(46) a. 貴方 － *だけ* － を　見つめ － て － み － *なかっ* － た。

　　　 당신 － <u>dake</u> － Acc　쳐다보 － te － 보 － <u>Neg</u> － Past

　　　 "당신만을　쳐다보지　않았다"

　　 b. 見つめてみなかったのは、唯一貴方だけ。「*だけ* 〉Neg」

　　　 "쳐다보지　않은　것은　유일하게　당신뿐"

　　 c. 貴方だけではなく、他の人も見つめてみた。「*だけ* 〈Neg」

　　　 "당신뿐만이　아니라,　다른　사람도　쳐다보았다"

　　(43) － (46)이　보여　주고　있는　것처럼,　(43a) － (46a)로부터　나타날　수　있는　의미해석은　「*だけ*(dake)」가　Neg보다　넓은　스코프를　취하는　경우인　(43b) － (46b)와　「*だけ*(dake)」가　Neg보다　좁은　스코프를　위하는　경우인　(43c) － (46c)의　의미해석이다.　다시　말해,　(43a) － (46a)에서　나타나는　「*だけ*(dake) 〈 Neg」의　의미해석인　(43c) － (46c)는　「V*てみる*(temiru)」문이　복문구조라는　사실을　보여　주고　있으므로　(47b)와　같은　통사구조를　생각할　수　있으며,　「*だけ*(dake) 〉Neg」의　의미해석인　(43b) － (46b)는　「V*てみる*(temiru)」문이　단문구조로부터　나타나는　의미해석이므로　(47a)와　같은　통사구조를　생각할　수　있다.

　단문과　복문에　관한　문법론

(47)

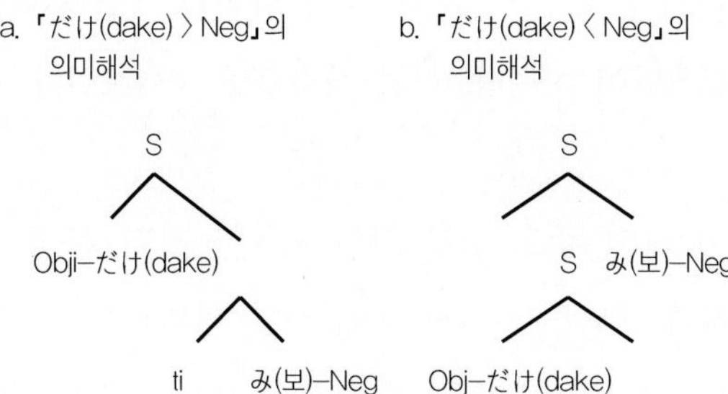

　다음은 한국어의 「V – 아/어 – 보다」문에 나타나는 「만」과 Neg의 스코프 현상을 살펴보도록 하자.

(48) a. 철수가 사과<u>만</u>을 먹어 보지 <u>않</u>았다.

　　 b. 철수가 먹어 보지 않은 것은 오로지 사과뿐. 「만〉Neg」

　　 c. 철수가 사과뿐만이 아니라, 다른 것도 먹어 보았다.

　　　「만〈Neg」

(49) a. 너<u>만</u>을 위로해 보지 <u>않</u>았다.

　　 b. 위로해 보지 않은 것은 오로지 너뿐. 「만〉Neg」

　　 c. 너뿐만이 아니라, 다른 사람도 위로해 보았다. 「만〈Neg」

(50) a. 영희가 2번 상자<u>만</u>을 열어 보지 <u>않</u>았다.

　　 b. 영희가 열어 보지 않은 것은 2번 상자뿐. 「만〉Neg」

　　 c. 2번 상자뿐만이 아니라, 다른 번호의 상자도 열어 보았다.

　　　「만〈Neg」

(51) a. 당신만을 쳐다보지 않았다.

　　 b. 쳐다보지 않은 것은 오로지 당신뿐.「만〉Neg」

　　 c. 당신뿐만이 아니라, 다른 사람들도 쳐다보았다.「만〈Neg」

(48)-(51)이 보여 주고 있는「V-아/어-보다」문의 현상은 상술한 (43)-(46)의「Vてみる(temiru)」문에 나타나는「だけ(dake)」와 Neg의 스코프 현상과 똑같다. 그러므로「V-아/어-보다」문에 나타나는 두 가지 의미해석인 (48b)-(51b)(「만〉Neg」)와 (48c)-(51c)(「만〈Neg」)는 각각 (52a), (52b)와 같이 형식화하여 설명할 수 있다.

(52)

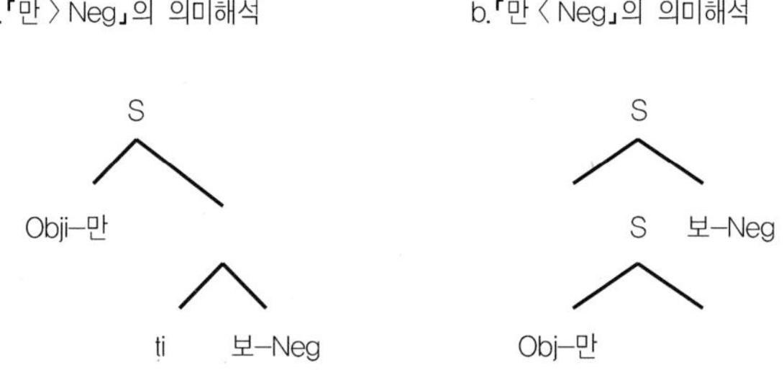

「V-아/어-보다」문이 복문구조인 경우, (48a)-(51a)에서 나타나는 (48c)-(51c)의 의미해석인「만〈Neg」는 예측 가능한 것이지만, (48a)~(51a)에서 나타나는 (48b)~(51b)의 의미해석인「man〉Neg」는 예측할 수 없다. 그러므로 이때의「V-아/어-보다」문은 재구조화 현상으로 나타난 단문구조라고 생각할 수밖에 없다.

4.4. 「＋Neg」제약

본 절에서는 「Vてみる(temiru)」문과 「V－어 보다」문에 나타나는 Neg의 분포 현상을 관찰하여 재구조화 현상에 대한 (53)과 같은 「＋Neg」제약을 제시할 것이다.[57)

(53) 「＋Neg」제약

Neg가 내포절에 나타나면 재구조화 현상은 나타나지 않는다.

재구조화 현상에 있어서 (53)과 같은 「＋Neg」제약을 제시하기에 앞서, 먼저 竹澤(2004)를 살펴볼 필요가 있다. 竹澤(2004)는 재구조화 현상이 나타날 때, Neg가 내포절에 나타나면 단문화가 저지된다는 사실을 지적하고 있다. 竹澤가 주목한 다음의 (54)와 (55)와 같은 현상에 대해서 알아보자.

(54) a. *[s 太朗－しかi [ti 歩か－なさ] そうだ/過ぎ－る]

　　　　 타로우－sika 걷－Neg 듯하다/너무－Pres

　　b. *[s 太朗－しかi [PROi 歩か－な－い－で] おいた/みた/
　　　　いる]

　　　　 타로우－sika 걷－Neg－Pres－de 두었다/보았다/있다

---

(55) a. [s 太朗－は i [ti もち－しか 食べ] そうじゃ－な－い/過
　　　 ぎ な－い]
　　　 타로우－Top 떡－sika 먹 그렇지－Neg－Pres/너무 Neg－
　　　 Pres
　 b. [s 太朗－は i [PROi もち－しか 食べ－て] おか－なかっ－た]
　　　 타로우－Top 떡－sika 먹－te 두－Neg－Past

　(54)와 (55)에서 관찰할 수 있는 Neg의 비대칭성으로부터, 재구
조화 현상에는 Neg가 관여하고 있다고 생각할 수가 있다.58) 다시
말해, (54)와 (55)는 둘 다 서로 다른 절에서 「NP－しか(sika)」와
Neg가 나타나고 있음에도 불구하고 (55)만이 적격한 문이 된다는
사실로부터, (54)가 부적격한 이유에 대해서, 내포절의 동사 뒤에
나타나는 Neg가 관련하고 있기 때문이라고 생각할 수가 있다.
　이러한 竹澤의 주장이 타당한 것이라면, 재구조화 현상이 나타나
는 「Vてみる(temiru)」문에서도 위의 (54), (55)와 같은 현상이 나타
나리라고 예측할 수 있다. 이러한 예측은 아래의 (56), (57)의 예를
통해 확인할 수가 있다.

(56) a. *[s 太朗－しか i [s PROi 歩か－な－い－で] み－た]
　　　 타로우－sika 걷－Neg－Pres－de 보－Past
　 b. [s 太朗－は i [s PROi もち－しか 食べ－て] み－なかっ－た]
　　　 타로우－Top 떡－sika 먹－te 보－Neg－Past

---

58) 「そうだ(souda)」문에 대해서 「誰も来れなさそうだ(아무도 못 올 것 같다)」와 같은 문도
　　생각해 볼 수 있다. 이것은 「そうだ(souda)」문의 내부구조에 대한 반례로서 생각할 필요는
　　있겠으나, 재구조화 현상의 논의에 직접적으로 관련되는 문제는 아니다.

(57) a. *子供 - <u>しか</u> 泣か - <u>な</u> - い - で - み - た。

　　　아이 - <u>sika</u> 울 - <u>Neg</u> - Pres - de - 보 - Past

　　　"아이밖에 울지 않아 보았다"

　　b. 花子 - は 野菜 - <u>しか</u> 食べ - て - み - <u>な</u>かっ - た。

　　　하나코 - Top 야채 - <u>sika</u> 먹 - te - 보 - <u>Neg</u> - Past

　　　"하나코는 야채밖에 먹어 보지 않았다"

　(56a), (57a)가 보이는 부적격성과 (56b), (57b)가 보이는 적격성은 竹澤가 제시하고 있는 (54)의 부적격성, (55)의 적격성과 완전히 똑같은 현상으로 이해할 수 있는 것으로, 이로부터 우리는 Neg가 내포절에 나타나면 복문의 단문화가 저지된다고 생각할 수 있다. 이러한 사실로부터 재구조화 현상에는 위에서 언급한 (53)과 같은 「＋Neg」제약이 관련되어 있다고 생각할 수 있다.

　「＋Neg」제약을 보여 주는 (56), (57)과 같은 사실은 한국어의 「V - 어 버리다」문에서도 확인할 수가 있다.

(58) a. *[s 철수<u>밖에</u> [s PROi 걷지 <u>않</u>]아 보았다]

　　b.　[s 철수는i [s PROi 떡<u>밖에</u> 먹]어 보지 <u>않</u>았다]

(59) a. *아이<u>밖에</u> 울지 <u>않</u>아 보았다.

　　b.　영희는 야채밖에 먹어 보지 <u>않</u>았다.

　(58b), (59b)의 적격성은 NPI와 Neg의 동일절 내 제약을 고려할 경우, 「V - 어/아 보다」문에 재구조화 현상이 나타나고 있음을 보

여 주고 있는 현상이다. 그러므로 (58a), (59a)의 NPI와 Neg가 나타나는 경우에도 (58a), (59a)는 적격문이라고 예측할 수 있으나, (58a), (59a)는 부적격문으로 나타나고 있다. 이는 (58a), (59a)의 「V - 어/아 보다」문에는 내포절 동사의 뒤에 Neg가 나타나 있기 때문에 (53)의 「＋Neg」제약에 의해 재구조화 현상이 나타나지 않는다고 설명할 수 있다.

4.5. 그 외의 「V - て(te) - 보조동사」문과 「V - 아/어 - 보조동사」문

본 절에서는 이제까지 살펴본 「Vてみる(temiru)」문과 「V - 아/어 - 보다」문에 나타나는 재구조화 현상과 「＋Neg」제약이 그 외의 「V - て - 보조동사」문과 「V - 아/어 - 보조동사」문에서도 관찰된다는 사실을 명시할 것이다. 구체적으로는 일본어의 「Vておく(teoku)」문과 이에 대응하는 한국어의 「V - 아/어 - 두다」문을 들어, NPI와 Neg의 분포 현상, 「だけ(dake)」와 Neg의 스코프(scope)현상, 「만」과 Neg의 스코프 현상을 가지고 이들 문에도 재구조화 현상이 나타난다는 사실을 제시할 것이다. 또한 「V - 아/어 - 두다」문에서 관찰할 수 있는 「밖에 - Neg」 현상을 통해 「V - 아/어어 - 두다」문의 재구조화 현상에도 「＋Neg」제약이 적용된다는 사실을 보일 것이다.

이 외에도 「Vてしまう(tesimau)」문과 「Vている(teiru)」문을 중심으로 존경어법 현상, 수동화 현상, 대용표현 현상을 통해 두 문

 단문과 복문에 관한 문법론

모두 초기구조에 있어서는 복문구조라는 사실을 제시하고, 동시에
「だけ(dake)」와 Neg의 스코프 현상을 통해 이들 두 문에서도 재구
조화 현상이 관찰된다는 사실을 명시할 것이다.

4.5.1. 「Vておく(teoku)」문과 「V－아/어－두다」문

4.5.1.1. 재구조화 현상의 증거

먼저 「Vておく(teoku)」문에 나타나는 NPI와 Neg의 분포 현상으
로부터 「Vておく(teoku)」문이 복문으로서도 단문으로서도 기능하고
있다는 사실을 명시할 것이다.

(60) a. 花子－は 何も 食べ－な－い－で－おい－た。

　　　 하나코－Top NPI 먹－Neg－Pres－de－oka－Past

　　　 "하나코는 아무것도 먹지 않아 두었다"

　 b. みんなから 何も 話さ－な－い－で－お－く－と 伝えら
　　　 れた。

　　　 모두로부터 NPI 이야기하－Neg－Past－de－oka－Pres－
　　　 Cp 전해 들었다

　　　 "모두로부터 아무것도 이야기해 두지 않겠다고 전해 들
　　　 었다"

　 c. 机の上に 何も 置か－な－い－で－お－く－の－も 一つ
　　　 の考えである。

책상 위에 NPI 놓 – Neg – Pres – de – oka – Pres – Cp – 도

하나의 방법이다

"책상 위에 아무것도 놓지 않아 두는 것도 하나의 방법

이다"

d. 太朗も 何も 洗わ－な－い－で－おい－た。

타로우도 NPI 씻 – Neg – Pres – de – oka – Past

"타로우도 아무것도 씻지 않아 두었다"

e. 結局、花子－は 何も 出さ－な－い－で－おい－た。

결국, 하나코 – Top NPI 내 – Neg – Pres – de – oka – Past

"결국 하나코는 아무것도 내지 않아 두었다"

NPI와 Neg의 동일절 내 제약에 따르면, (60)은 「Vておく(teoku)」
문의 구조가 (61)과 같은 복문구조라는 사실을 보여 주고 있다.

(61) [s 주어 [s ······ NPI ······ V(＋Neg)] おく(oku)]

그러나 한편으로는 「Vておく(teoku)」문에 나타나는 NPI와 Neg
의 분포 현상은 (62)와 같이 나타나기도 한다.

(62) a. 花子－は 何も 食べ－て－おか－なかっ－た。

하나코 – Top NPI 먹 – te – oka – Neg – Past

"하나코는 아무것도 먹어 두지 않았다"

b. みんなから 何も 話さ－な－い－で－お－く－と 伝えら

れた。

모두로부터 NPI 이야기하 – Neg – Past – de – oka – Pres –
Cp 전해 들었다

"모두로부터 아무것도 이야기해 두지 않겠다고 전해 들
었다"

c. 机の上に 何も 置か－な－い－で－お－く－の－も一つ
の考えである。

책상 위에 NPI 놓 – Neg – Pres – de – oka – Pres – Cp – 도
하나의 방법이다

"책상 위에 아무것도 놓지 않아 두는 것도 하나의 방법
이다"

d. 太朗も 何も 洗わ－な－い－で－おい－た。

타로우도 NPI 씻 – Neg – Pres – de – oka – Past

"타로우도 아무것도 씻지 않아 두었다"

e. 結局、花子－は 何も 出さ－な－い－で－おい－た。

결국, 하나코 – Top NPI 내 – Neg – Pres – de – oka – Past

"결국 하나코는 아무것도 내지 않아 두었다"

(62) a. ?花子－は 何も 食べ－て－おか－なかっ－た。

하나코 – Top NPI 먹 – te – oka – Neg – Past

"하나코는 아무것도 먹어 두지 않았다"

b. ?みんなから 何も 話し－て－おか－な－い－と 伝えら
れた。

모두로부터 NPI 이야기하 – te – oka – Neg – Pres – Cp 전
해 들었다

"모두로부터 아무것도 이야기해 두지 않겠다고 전해 들
었다"

c. 机の上に 何も 置い－て－おか－な－い－の－も 一つの
考えである。

책상 위에 NPI 놓－te－oka－Neg－Pres－Cp－도 하나의
방법이다

"책상 위에 아무것도 놓아두지 않는 것도 하나의 방법이다"

d. 太朗も 何も 洗っ－て－おか－なかっ－た。

타로우도 NPI 씻－te－oka－Neg－Past

"타로우도 아무것도 씻어 두지 않았다"

e. 結局、花子－は 何も 出し－て－おか－なかっ－た。

결국, 하나코－Top NPI 내－te－oka－Neg－Past

"결국, 하나코는 아무것도 내두지 않았다"

(62)를 보면, NPI와 Neg의 동일절 내 제약으로부터, 「Vておく
(teoku)」문이 다음 (63)과 같은 단문구조를 갖는다고도 가정할 수
있다.

(63) [s 주어 [NPI …… V]－て(te)－お(o)－ない(Neg)]]

「Vておく(teoku)」문이 보이는 (60)과 (62)의 예는 「Vておく(teoku)」
문이 초기구조에 있어서는 복문구조이나, 표면상으로는 재구조화
현상이 관찰되는 단문구조로서 기능하고 있다는 사실을 보여 주고
있다.

또한 「Vておく(teoku)」문에 재구조화 현상이 나타난다는 사실은

「だけ(dake)」와 Neg의 스코프 현상을 통해서도 관찰할 수 있다.

(64) a. ?太郎－が リンゴ－だけ－を 食べ－て－おか－なかっ－た。

　　　　타로우－Nom 사과－dake－Acc 먹－te－oka－Neg－Past

　　b. 太郎が食べておかなかったのは、唯一リンゴだけ。「だけ＞

　　　　Neg」

　　　　타로우가 먹어 두지 않은 것은 유일하게 사과뿐

　　c. ?太郎がリンゴだけではなく、他の物も食べておいた。「だ

　　　　け〈Neg」

　　　　타로우가 사과뿐만이 아니라, 다른 것도 먹어 두었다

(65) a. その部屋－だけ－を 掃除し－て－おか－なかっ－た。

　　　　그 방－dake－Acc 청소하－te－oka－Neg－Past

　　　　"그 방만을 청소해 두지 않았다"

　　b. 掃除しておかなかったのは、唯一その部屋だけ。「だけ＞Neg」

　　　　"청소해 두지 않은 것은 유일하게 그 방뿐"

　　c. ?その部屋はもちろん、他の部屋も掃除しておいた。「だけ

　　　　〈Neg」

　　　　"그 방은 물론, 다른 방들도 청소해 두었다"

　(64), (65)는 위에서 언급한 「Vてみる(temiru)」문에서 나타나는 「だ
け(dake)」와 Neg의 스코프 현상과 동일한 현상이다. 그러므로
3.2.2.절에서 제시한 「だけ(dake)」와 Neg의 스코프 관계와 구조상의
위치관계인 (42)를 고려한다면, (64a), (65a)에 대한 (64b), (65b)의

의미해석(「だけ(dake) 〈 Neg」)은 「Vてみる(temiru)」문이 복문구조라
는 사실로부터 예측할 수 있으며, (64c), (65c)의 의미해석(「だけ
(dake) 〉 Neg」)은 「Vてみる(dake)」문이 단문구조일 때 나타나는 의
미해석이라고 생각할 수 있다.

　다음은 「Vておく(teoku)」문과 대응하는 한국어의 「V – 어 두다」
문에서 관찰되는 NPI와 Neg의 분포 현상, 「만」과 Neg의 스코프
현상에 대해 살펴보도록 하자.

　먼저, NPI와 Neg의 분포 현상이다.

(66) a. ?영희는 <u>아무것도</u> 먹지 <u>않</u>아 두었다.

　　 b. ?책상 위에 <u>아무것도</u> 놓지 <u>않</u>아 두는 것도 …….

(67) a. 영희는 <u>아무것도</u> 먹어 두지 <u>않</u>았다.

　　 b. 책상 위에 <u>아무것도</u> 놓아두지 <u>않</u>는 것도 …….

　(66)과 (67)에 나타나는 「V – 어 두다」문의 NPI와 Neg의 분포 현
상은 상술한 「Vておく(teoku)」문과 동일한 현상을 보인다. 그러므
로 NPI와 Neg의 동일절 내 제약에 따라, (66)은 (60)의 「Vておく
(teoku)」문이 보이는 (61)과 같은 복문구조라고 생각할 수 있고,
(67)은 (62)의 「Vておく(teoku)」문이 보이는 (63)과 같은 단문구조라
고 생각할 수가 있다.

　(68), (69)에서 나타나는 「V – 어 두다」문의 「만」과 Neg의 스코
프 현상 역시 「Vておく(teoku)」문과 동일한 현상을 보인다.

　단문과 복문에 관한 문법론

(68) a. 철수가 <u>사과만</u>을 먹어 두지 않았다.

   b. 철수가 먹어 두지 않은 것은 유일하게 사과뿐.「만〉Neg」

   c. ?철수가 사과뿐만이 아니라, 다른 것들도 먹어 두었다.

   「만〈 Neg」

(69) a. 가방만을 날라 두지 않았다.

   b. 날라 두지 않은 것은 유일하게 가방뿐.「만〉Neg」

   c. ?가방뿐만이 아니라, 다른 것들도 날라 두었은.「만〈Neg」

(68c), (69c)에서 나타나는 「만〈Neg」의 의미해석은 「V－어 두다」문이 복문구조임을 보여 주고 있으며, (68b), (69b)에서 나타나는 「만〉Neg」의 의미해석은 「V－어 두다」문이 단문구조임을 보여 주고 있다고 할 수 있다. 그러므로 이 경우의 의미해석은 「V－어 두다」문에 재구조화 현상이 나타났음을 보여 주고 있다고 할 수 있다.

위와 같은 사실로부터 일본어의 「Vておく(teoku)」문과 이에 대응하는 한국어의 「V－어 두다」문에도 재구조화 현상이 나타난다는 사실을 알 수가 있다.

4.5.1.2. 「＋Neg」제약

4.4.절의 (53)에서 제시한 재구조화 현상의 「＋Neg」제약은 한국어의 「V－어 두다」문에서도 확인할 수가 있다.[59]

「V－어 두다」문에 나타나는 「밖에～Neg」의 현상은 (70), (71)과

---

59) 「V－어 두다」문에 대응하는 일본어의 「Vておく(teoku)」문에 「＋Neg」제약이 관찰된다는 사실에 대해서는 竹沢(2004)에서 시사하고 있다.

같이 나타난다.

(70) a. *[s 철수밖에i [s PROi 떡을 먹지 않]아 두었다]

     b. [s 철수는i [s PROi 떡밖에 먹]어 두지 않았다]

(71) a. *<u>영희밖에</u> 야채를 먹지 않아 두었다.

     b. 영희는 <u>야채밖에</u> 먹어 두지 않았다.

(70a), (71a)의 부적격성과 (70b), (71b)의 적격성은 4.4.절에서 제시한 「Vてみる(temiru)」문에 나타나는 「しか(sika)〜Neg」 현상과 「V-어 보다」문에 나타나는 「밖에〜Neg」 현상과 동일한 현상이다. 그러므로 (70b), (71b)가 적격문으로 나타나고, (70a), (71a)가 부적격문으로 나타나는 이유는 내포절의 동사 뒤에 Neg가 나타나기 때문에 Neg가 내포절에 개입하면 재구조화 현상은 나타나지 않는다는 「+Neg」제약에 기인하는 것으로 설명할 수 있다.

한국어의 「V-어 보다」문에서 관찰되는 이와 같은 사실 역시, 재구조화 현상에는 「+Neg」제약이 존재하고 있음을 보여 주는 증거라 할 수 있다.

4.5.2. 「Vてしまう(simau)」문과 「Vている(teiru)」문

통사론적 관점에서 말하자면, 「Vてしまう(tesimau)」문은 「V-て(te)-V」문에 대한 논의의 일부로서 다루어지고 있기는 하지만(선행연구(4.2.2.절)에서 들고 있는 影山(1993)의 수동화 현상을 제외하면) 「Vてしまう(tesimau)」문에 관한 구체적인 논의는 거의 이루어져 있지 않다고 할 수 있겠다.[60]

본 절에서는 존경어법 현상, 대용표현 현상으로부터 「Vてしまう(tesimau)」문이 복문구조라는 사실을 재확인하고, 「だけ(dake)」와 Neg의 스코프 현상으로부터 「Vてしまう(tesimau)」문에도 재구조화 현상이 관찰된다는 사실을 명시할 것이다. 또한 「Vてしまう(tesimau)」문의 존경어법 현상, 대용표현 현상, 「だけ(dake)」와 Neg 스코프 현상으로부터 관찰할 수 있는 복문 현상과 단문화 현상(재구조화 현상)이 「Vている(teiru)」문에서도 동일하게 관찰할 수 있음을 보일 것이다.

먼저, 「Vてしまう(tesimau)」문의 존경어법 현상부터 살펴보도록 하자.

(72) a. 金先生 - が もう お - 着き - になっ - て - しまっ - た。

　　　김 선생님 - Nom 이미 o - 도착 - H - te - simat - Past

　　　"김 선생님이 이미 도착하셔 버렸다"

　　b. あのお客さま - は、あっという間に そのお酒 - を お - 飲
　　　み - になっ - て - しまっ - た。

---

60) 「Vてしまう(tesimau)」문의 의미·용법에 관한 연구에 대해서는 대략 다음과 같이 정리해 볼 수 있다.
(i) 「～しまう(tesimau)」의 기본적인 의미는 아스펙트(실현/종료)이며, 모달리티적인 의미는 부수적으로 인정하는 입장(cf.井上(1976), 寺村(1984))
(ii) 「～しまう(tesimau)」에 아스펙트적인 의미를 인정하기보다, 모달리티적인 의미를 추구하는 입장(cf.藤井(1992), 鈴木(1998), 倉持(2000), 鈴木(2001))
(iii) 「～しまう(tesimau)」에 아스펙트적인 의미와 모달리티적인 의미, 그리고 아스펙트와 모달리티의 중간적 의미를 인정하는 입장(cf.高橋(1969), 吉川(1976), 杉本(1991/1992)).

저 손님 – Top 눈 깜짝할 사이에 그 술 – Acc o – 마시 –
H – te – simat – Past

"저 손님은 눈 깜짝할 사이에 그 술을 드시어 버렸다"

c. <u>科學を志す先生方</u>、アインシュタインの論文 – を <u>お – 讀</u>
<u>み – になっ – て – みては</u> ……。

<u>과학지향의 선생님들</u>, 아인슈타인의 논문 – Acc <u>o – yomi</u>
<u>– H – te –</u> 보는 것은

"과학을 지향하는 선생님들, 아인슈타인의 논문을 읽으셔
보는 것은……"

d. <u>お年を召したお方達</u> – は お氣輕に お聲 – を <u>お – かけ – に</u>
<u>なっ – て –</u> くるので、……。

<u>나이 드신 분들</u> – Top 가볍게 말 – Acc <u>o – 걸 – H –</u> 오기
때문에, ……

"나이 드신 분들은 가볍게 말을 걸으시어 오기 때문에"

4.3.1.1.절에서 제시한 바와 같이 존경어법 현상을 국소적인 영역
에서의 주어와 존경어(H)의 일치관계라고 정의할 수 있으며, 이를
통해 (72)의 예들은 「Vてしまう(tesimau)」문이 (73)과 같은 복문구
조라는 사실을 보여 주고 있다는 사실을 알 수 있다.

(73) [s 주어i [s ei …… V(＋H)] しまう(simau)]

대용표현 「そうする(sousuru)」는 4.3.1.2.절에서 살펴본 바와 같이
「직접목적어 – V」를 대용할 수 있으므로, 「Vてしまう(tesimau)」문을

 단문과 복문에 관한 문법론

복문이라고 가정한다면, 내포절의 「직접목적어−V」는 「そうする (sousuru)」로 대용할 수 있으리라고 예측할 수 있다.

(74) a. 彼−は 懷かしい音樂の音で 足−を 止め−て−しまっ−た。

　　　 グ−Top 낯익은 음악소리에 발−Acc 멈추−te−simat−Past

　　　 "그는 낯익은 음악소리에 발을 멈추어 버렸다"

　　 b. 彼女も その音樂の音で そうし−て−しまっ−た。

　　　 그녀도 그 음악소리에 그러하−te−simat−Past

　　　 "그녀도 그 음악소리에 그래 버렸다"

(75) a. ゲスト1−は ユーザー登録−を やめ−て−しまっ−た。

　　　 손님1−Top 사용자 등록−Acc 그만두−te−simat−Past

　　　 "손님1은 사용자 등록을 그만둬 버렸다"

　　 b. ゲスト2も そうし−て−しまっ−た。

　　　 손님2도 그러하−te−simat−Past

　　　 "손님2도 그래 버렸다"

　　(74), (75)가 보여 주고 있는 바와 같이 내포절의 「직접목적어−V」 는 「そうする(sousuru)」로 대용할 수가 있다. (74b), (75b)는 「Vてし まう(tesimau)」문이 (76a)와 같은 복문구조이며, (76b)와 같이 대용 된다는 사실을 보여 주고 있다.

(76) a. [s 주어i [s 주어i [목적어−V] てしまう(tesimau)]

　　 b. [s 주어i [s 주어i [そうし(sousi)] てしまう(tesimau)]

이상과 같은 사실로부터, 「Vてしまう(tesimau)」문은 복문구조라
는 사실을 확인할 수 있다.

　이하에서는 「だけ(dake)」와 Neg의 스코프 현상을 통해 「Vてしま
う(tesimau)」문에서도 재구조화 현상이 나타난다는 사실을 살펴보도
록 하자.

(77) a. 太郎－が リンゴ－だけ－を 食べ－て－しまわ－なかっ－た。

　　　 타로우－Nom 사과－dake－Acc 먹－te－simawa－Neg－Past

　　　 "타로우가 사과만을 먹어 버리지 않았다"

　　 b. 太郎が食べてしまわなかったのは、唯一リンゴだけ

　　　 「だけ＞Neg」

　　　 "타로우가 먹어 버리지 않은 것은 유일하게 사과뿐"

　　 c. 太郎がリンゴだけではなく、他の物も食べてしまった。

　　　 「だけ＜Neg」

　　　 "타로우가 사과뿐만이 아니라, 다른 것들도 먹어 버렸다"

(78) a. その部屋－だけ－を 掃除し－て－しまわ－なかっ－た。

　　　 그 방－dake－Acc 청소하－te－simawa－Neg－Past

　　　 "그 방만을 청소해 버리지 않았다"

　　 b. 掃除してしまわなかったのは、唯一その部屋だけ。「だけ＞Neg」

　　　 "청소해 버리지 않은 것은 유일하게 그 방뿐"

　　 c. ?その部屋はもちろん、他の部屋も掃除してしまった。

　　　 「だけ＜Neg」

　　　 "그 방은 물론, 다른 방들도 청소해 버렸다"

(77a), (78a)에서는 「だけ(dkaek) 〉Neg」의 의미해석인 (77b), (78b)
와 「だけ(dake) 〈 Neg」의 의미해석인 (77c), (78c) 모두가 가능하다.

(77), (78)의 「Vてしまう(tesimau)」문에서 나타나는 이러한 현상들
또한, 위에서 언급한 「Vてみる(temiru)」문과 「Vておく(teoku)」문에
나타나는 「だけ(dake)」와 Neg의 스코프 현상과 동일한 모습이다.

「だけ(dake) 〈 Neg」의 의미해석((77c), (78c))은 「Vてしまう(tesimau)」
문이 복문이라는 사실로부터 예측 가능하며, 「だけ(dake) 〉Neg」의
의미해석((77b), (78b))은 「Vてしまう(tesimau)」문에 재구조화 현상이
나타나 단문화되었다고 생각할 수 있다.

이상에서 제시한 「Vてしまう(tesimau)」문의 복문현상과 재구조화
현상은 「Vている(teiru)」문에서도 동일하게 나타난다.

(79) a. 田中先生 - が お - 歩き - になっ - て - い - る。

　　　타나카 선생님 - Nom o - 걷 - H - te - 있 - Pres

　　　"타나카 선생님이 걸으시고 있다"

　　b. お客さま - は そのお酒 - を お - 飲み - になっ - て - い - る。

　　　손님 - Top 그 술 - Acc o - 마시 - H - te - 있 - Pres

　　　"손님은 그 술을 드시고 있다"

　　c. 先生方 - は アインシュタインの論文 - を お - 讀み - に

　　　なっ - て - い - る。

　　　선생님들 - Top 아인슈타인의 논문 - Acc o - 읽 - H - te -

　　　있 - Pres

　　　"선생님들은 아인슈타인의 논문을 읽으시고 있다"

　　d. お年を召したお方達 - は 氣輕に 聲 - を お - かけ - になっ -

て－い－る－ので、……。

<u>나이 든 분들</u>－Top 가볍게 말－Acc <u>o－걸－H</u>－te－있－

Pres－ 때문에

"나이 든 분들은 가볍게 말을 거시고 있기 때문에……"

(79)가 보여 주고 있는 「Vている(teiru)」문의 존경어법 현상은 상술한 「Vてしまう(tesimau)」문((72))이 보여 주는 존경어법 현상과 똑같은 현상을 보여 주고 있다. 주어와 존경어의 국소적인 일치관계에 따라, 「Vてしまう(tesimau)」문과 마찬가지로 (79)의 존경어법 현상은 (80)과 같은 복문구조라고 제시할 수 있다.

(80) [s 주어i [s ei …… V(＋H)] いる(iru)]

다음은 「Vている(teiru)」문에 나타나는 수동화 현상을 살펴보도록 하자.

(81) 太郎－が 次郎のパソコン－を 壊し－て－い－た。

타로우－Nom 지로우의 컴퓨터－Acc 부수－te－있－Past

"타로우가 지로우의 컴퓨터를 부수고 있었다"

a. 次郎のパソコン－<u>が 壊</u>－され－て－い－た。

지로우의 컴퓨터－<u>Nom</u> <u>부수</u>－Pass－te－있－Past

b. *次郎のパソコン－<u>が</u> 壊し－て－<u>い－られ</u>－た。

지로우의 컴퓨터－<u>Nom</u> 부수－te－<u>있</u>－Pass－Past

(82) 田中先生 － が 學生 － を 呼び出し － て － い － た。

타나카 선생님 － Nom 학생 － Acc 호출 － te － 있 － Past

"타나카 선생님이 학생을 호출하고 있었다"

a. 學生 － が 呼び出 － され － て － い － た。

학생 － Nom 호출 － Pass － te － 있 － Past

b. *學生 － が 呼び出し － て － い － られ － た。

학생 － Nom 호출 － te － 있 － Pass － Past

(81a), (82a)의 적격성과 (81b), (82b)의 부적격성 또한, 影山(1993)
가 제시한 「Vてしまう(tesimau)」문의 수동화 현상과 같은 양상이다
(cf.4.2.2절).

「Vている(teiru)」문의 대용표현(「そうする」) 현상 (83), (84) 역시,
상술한 「Vてしまう(tesimau)」문의 대용표현 현상((74), (75))과 동일
한 양상으로 나타난다.

(83) a. 花子 － は 餅 － を 食べ － て － い － た。

하나코 － Top 떡 － Acc 먹 － te － 있 － Past

"하나코는 떡을 먹고 있었다"

b. 太郎も そうし － て － い － た。

타로우도 그러하 － te － 있 － Past

"타로우도 그러고 있었다"

(84) a. ゲスト1 － は ユーザー登録 － を 申請し － て － い － る。

손님1 － Top 사용자 등록 － Acc 신청하 － te － 있 － Pres

"손님1은 사용자 등록을 신청하고 있다"

b. ゲスト2も そうし－て－い－る。

손님2도 그러하－te－있－Pres

"손님2도 그러고 있다"

「직접목적어－V」를 「そうする(sousuru)」로 대용할 수 있다는 사실을 고려한다면, (83), (84)는 「Vてしまう(tesimau)」문의 경우와 마찬가지로, (85a), (85b)와 같은 복문구조로 나타낼 수 있다.

(85) a. [s 주어i [s 주어i [vp 목적어－V]] て いる(teiru)]

　　　b. [s 주어i [s 주어i [vp そうし(sousi)]] て いる(teiru)]

이상에서 알 수 있는 것은 「Vている(teiru)」문 역시 「Vてしまう(tesimau)」문과 마찬가지로 복문으로서 기능하고 있다는 사실이다. 또한, (86), (87)에서 알 수 있는 바와 같이, 재구조화 현상에 있어서도, 「Vている(teiru)」문은 「Vてしまう(tesimau)」문((77), (78))과 동일한 현상을 보이고 있다.

(86) a. 太郎－が リンゴ－だけ－を 食べ－て－い－なかっ－た

　　　　타로우－Nom 사과－dake－Acc 먹－te－있－Neg－Past

　　　　"타로우가 사과만을 먹고 있지 않았다"

　　　b. 太郎が食べていなかったのは、唯一リンゴだけ。

　　　　「だけ〉Neg」

　　　　"타로우가 먹고 있지 않은 것은 유일하게 사과뿐"

c. ?太郎がリンゴだけではなく、他の物も食べていた。

「だけ〈Neg」

"타로우가 사과뿐만이 아니라, 다른 것들도 먹고 있었다"

(87) a. 花子－が 推理小説－だけ－を 讀ん－で－い－なかっ－た。

하나코－Nom 추리소설－dake－Acc 읽－de－있－Neg－

Past

"하나코가 추리소설만을 읽고 있지 않았다"

b. 讀んでいなかったのは、唯一推理小説だけ。「だけ〉Neg」

"읽고 있지 않았던 것은 유일하게 추리소설뿐"

c. ?推理小説はもちろん、他の小説も讀んでいた。「だけ〈Neg」

"추리소설은 물론, 다른 소설도 읽고 있었다"

「Vてしまう(tesimau)」문과 마찬가지로 (86a), (87a)에서 나타나는 (86c), (87c)의 의미해석인 「だけ(dake)〈Neg」는 「Vている(teiru)」문 (86a), (87a)가 복문구조라는 사실로부터 예측할 수 있는 사실이고, (86b), (87b)의 의미해석인 「だけ(dake)〉Neg」는 「Vている(teiru)」문 인 (86a), (87a)에 재구조화 현상이 나타난 단문구조에서의 의미해 석이라고 생각할 수 있다.

4.6. 결론

종래 일본어의 「V－て(te)－보조동사」문에 대한 고찰은 이들 문들이 복문구조라는 사실을 제시해 왔으나, 「V－て(te)－보조동사」문이 단문으로서 기능하고 있다는 사실에 대해서는 본격적으로 논의된 바가 없다.[61)

본 장에서는 이제까지 본격적으로 거론된 적이 없었던 「V－て(te)－보조동사」문에 나타나는 재구조화 현상을 관찰함과 동시에, 이러한 재구조화 현상에서 나타나는 제약의 하나로서 「＋Neg」제약을 제시하였다.

구체적으로는 먼저 일본어의 「Vてみる(temmiru)」문과 이에 대응하는 한국어의 「V－어 보다」문에 나타나는 존경어법 현상, 대용표현 현상, NPI와 Neg의 분포 현상, 「だけ(dake)」와 Neg의 스코프(scope) 현상, 「만」과 Neg의 스코프 현상으로부터 이들 문에는 재구조화 현상이 나타난다는 사실을 명시하고, 「しか(sika)～ない(Neg)」현상을 통해 Neg가 내포절에 나타나면 재구조화 현상은 나타나지 않는다는 「＋Neg」제약을 제시하였다.

또한 「Vてみる(temiru)」문과 「V－어 보다」문에 나타나는 이러한 재구조화 현상은 「Vておく(teoku)」문과 이에 대응하는 한국어의 「V－어 두다」문, 그리고 「Vてしまう(tesimau)」문과 「Vている(teiru)」문에도 나타난다는 사실을 살펴보았다.

「Vてみる(temiru)」문과 「V－어 보다」문으로부터 제시한 「＋Neg」

---

61) 이러한 사정은 한국어의 「V－어－보조동사」문의 경우도 마찬가지이다.

제약은 일본어의 「Vておく(teoku)」문에 대응하는 한국어의 「V-어두다」문의 「밖에~않(Neg)」 현상에서도 확인해 볼 수 있었다.[62]

　이러한 고찰은 본 장에서는 다루지 못한 그 밖의 모든 일본어 「V-て(te)-보조동사」문과 한국어의 「V-어-보조동사」문에도 확장시킬 수 있다는 사실을 시사해 준다. 예를 들어, (88)에서 보는 바와 같이, 일본어의 「V-て(te)-수수동사」문에 나타나는 NPI와 Neg의 분포 현상에서도 재구조화 현상의 가능성을 엿볼 수 있다.

(88) a. 太郎-が 花子に 花-を 送っ-て-<u>やった</u>/-<u>あげた</u>。

　　　타로우-Nom 하나코에게 꽃-Acc 보내-te-<u>주었다</u>

　　　"타로우는 하나코에게 꽃을 보내 주었다"

　 b. 太郎-が 花子に <u>何も</u> 送ら-<u>ない</u>-で-やった/-あげた。

　　　타로우-Nom 하나코에게 <u>NPI</u> 보내-<u>Neg</u>-de-주었다

　 c. 太郎-が 花子に <u>何も</u> 送っ-て-やら-<u>なかっ</u>-た/-あげ-<u>なかっ</u>-た。

　　　타로우-Nom 하나코에게 <u>NPI</u> 보내-te-주-<u>Neg</u>-Past

---

62) 「Vておく(teoku)」문에서 관찰되는 「+Neg」제약은 竹沢(2004)에서 이미 관찰되고 있다 (cf. 2장). 「Vてしまう(tesimau)」문과 관련된 예문들로부터 「+Neg」제약을 제시할 수 없었던 이유는 「Vてしまう(tesimau)」문에서 안긴절의 동사와 주절동사 사이에 Neg가 개입하는 경우, 많은 일본어 화자들에게 「V-ない(Neg)-でしまう(desimau)」문이 허용되지 않는다는 내성이 존재하고 있기 때문이다. 단, 「V-ない(Neg)-でしまう(desimau)」문이 허용되지 않는 이유는 부정의 상태를 나타내는 「ない(Neg)」와 「しまう(simau)」가 갖는 의미의 호응관계가 서로 어울리지 않기 때문이라 생각된다. 실제, 「切符をかわないでしまった(차표를 사지 않아 버렸다)」나 「答案を出さないでしまった(답안지를 내지 않아 버렸다)」와 같은 문장의 경우는 「弁当を食べないでしまった(도시락을 먹지 않아 버렸다)」나 「ボールを投げないでしまった(공을 던지지 않아 버렸다)」 등과 같은 문에 비해, 그 허용도가 올라가는 경향을 보인다.

이러한 수수동사(「やる(yaru), あげる(ageru) 등」)문을 포함하여, 개개의 모든 일본어 「V－て(te)－보조동사」문에 나타나는 재구조화 현상에 관한 경험론적인 고찰은 금후 별고를 통해 구체적으로 제시해 나가야 할 과제로 남는다.

한국어의 그 밖의 「V－어－보조동사」문에 나타나는 재구조화 현상에 대해서는 다음 장(제5장)에서 제시할 것이다.

제 5 장

재구조화 현상의 유무와 통사구조

5.1. 서론

지금까지 본서에서는 일한 양 언어에 나타나는 재구조화 현상에 대한 경험적 증거와 몇몇 제약을 제시했다. 이와 같은 고찰은 다른 구미 여러 언어에서 관찰되고 있는 재구조화 현상이 일한 양 언어에 있어서도 널리 존재하고 있다는 사실과 재구조화 현상은 자연 언어에서 관찰할 수 있는 일반적인 현상임을 보여 주고 있는 것이다.

본 장에서는 이와 같은 재구조화 현상이 어떠한 형태로 설명할 수 있는가에 대한 새로운 제안을 할 것이다. 재구조화 현상에 대한 새로운 제안이 필요한 이유에 대해서는 본서 2장에서 지적한 바와 같이, 재구조화 현상에 대한 종래의 많은 연구가 재구조화 현상에 대한 수의성을 인정하고 있기 때문이다.

지금까지 재구조화 현상을 설명하기 위해서 생각해 온 가설은 크게 두 가지로 나눌 수 있다. 하나는 초기구조에 있어서 하나의 복문을 가정하고, 그 구조로부터 재구조화 현상이 나타나는 경우와 나타나지 않는 경우의 구조가 파생된다는 가설이다. 다른 하나는 초기구조에 있어서 하나의 복문구조와 하나의 단문구조를 상정하는 가설이다. 본서의 2장에서 언급했듯이 전자의 가설은 재구조화 현상에 대한 수의성이라는 문제에 직면하게 되고, 후자의 가설은 하나의 재구조화 동사가 사실상 서로 다른 2개의 동사라고 생각해야만 하는 문제에 직면하게 된다.

이와 같은 두 가지 가설에 대한 문제점을 보완하여, 본장에서는 한국어의 자료를 통하여, 초기구조에 있어서 서로 다른 보부를 갖는 두 개의 복문을 주장할 것이다. 즉, 아래 (1a)와 (1b)와 같이 서로 다른 내구구조를 갖는 두 개의 복문구조를 제시하고, 전자는 재구조화 현상이 나타나는 구조이며, 후자는 재구조화 현상이 나타나지 않는 구조라고 제안할 것이다.

 단문과 복문에 관한 문법론

(1)

a. 재구조화현상이 나타나는 통사구조

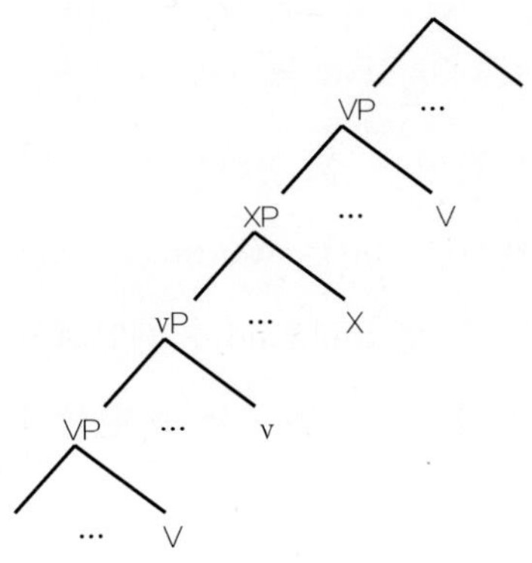

b. 재구조화현상이 나타나지 않는 통사구조

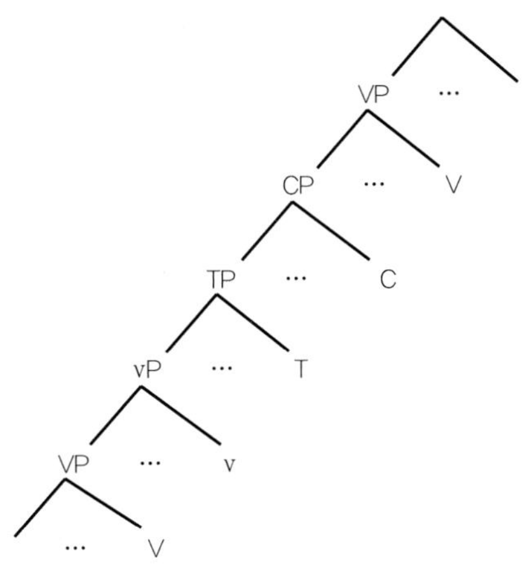

　　(1)의 구조에서 중요한 것은 (1a)에 있어서는 vP를 보부로서 취하는 기능범주(functional category) X가 상위 동사와 하위 동사 사이에 존재하고 있다는 점과, (1b)에 있어서는 C(complementizer)와 T(tense)와 같은 기능범주가 하위 동사와 상위 동사 사이에 존재하

고 있다는 점이다. 이는 (1a)와 (1b)는 구조상에 있어서 기능범주가 얼마나 높은 위치에 존재 하는지의 차이로 환원시켜 설명할 수 있음을 의미한다.

이와 같이 재구조화 현상의 유무는 초기구조에 나타나는 복문의 내부구조의 차이로 환원할 수 있다는 발상과 재구조화 현상이 나타나는 구조로서 제시한 (1a)는 Wurmbrand(2001)로부터 힌트를 얻고, 원용한 것이다. 단, Wurmbrand가 제안하고 있는 (1a)의 구조는 기능적 재구조화 동사에서만 재구조화 현상이 나타나는 구조라는 점에서 본서와의 차이를 보인다.

이와 같은 제안은 더 이상 재구조화 현상을 수의적인 현상으로 다루지 않아도 됨을 의미하는 것과 동시에, 선행연구에서 고찰해 온 재구조화 동사의 의미적인 특징(aspect, modal, motion 등)과 더불어, 재구조화동사는 두 개의 보부를 선택하는 통사적인 특징을 갖고 있음을 보여 주는 것이다.[63]

재구조화 현상이 나타나는 구조로서 제시한 (1a)의 초기구조는 (2a)에서 (2b)와 같은 파생과정을 겪는다고 생각할 수 있다.

---

63) 하위범주의 선택이 다르다는 것이 서로 다른 동사라는 사실을 말하고 있는 것 같지는 않다. 예를 들어 「太郎が花子を思う(타로우가 하나코를 생각한다)」라는 문과 「太郎は花子がりんごを食べると思う(타로우가 하나코가 사과를 먹는다고 생각한다)」라는 문에 있어서, 「思う(생각한다)」가 동 형태의 서로 다른 동사라고는 생각할 수 없다.

(2)

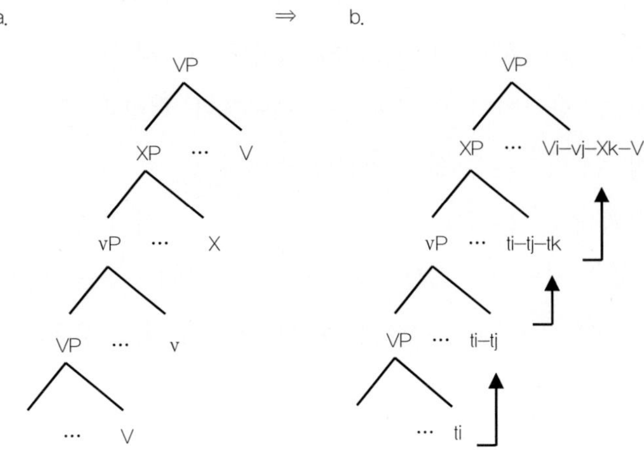

(2a)에서 (2b)의 파생과정은 본서의 2장에서 언급한 Baker(1988) 의 핵 이동(head movement)과 GTC(government transparency corollary) 의 개념을 받아들인 가정이다.[64]

이하, 본 장에서는 한국어의 「V – 아/어 – 보조동사」문(이하 「아/어」표시문)과 「V – 고 – 보조동사」문(이하 「고」표시문)이 보여 주는 현상을 통해서, (3)과 같은 가설이 타당하다는 사실을 검증할 것이다.[65]

(3) 「아/어」표시문에는 재구조화 현상이 나타나지만, 「고」표시문에는 재구조화 현상이 나타나지 않는다.

---

64) 재구조화 현상이 나타나지 않는 (1b)의 구조에 있어서, 재구조화 현상이 나타나는 (1a)의 파생인 (2b)와 같은 핵 이동이 나타나지 않는 것은 Chomsky(2005) 등에서 지적하고 있는 Spell – Out 되는 Phase는 CP와 vP라고 생각하기 때문이다. 즉, 재구조화 현상이 나타나지 않는 (1b)의 구조에 존재하는 vP와 CP는 각각 서로 다른 Phase이기 때문에, vP와 CP를 걸치는 순환적인 핵 이동은 일어나지 않는다고 생각할 수 있다.

65) 본 장에서는 「V – 어/고 – 보조동사」문만을 고찰 대상으로 삼고 있다.

또한, 논의 과정에서는 Miyagawa(1986)가 일본어의 PE문에서 보여 준 재구조화 현상의 인접성(adjacency) 조건이, 재구조화 현상이 나타나는 한국어의 「아/어」표시문에서도 지켜져야만 한다는 사실을 명시하고, 한국어의 PE문에서도 재구조화 현상과 인접성 조건을 관찰할 수 있다는 사실을 명시할 것이다.

이상과 같은 논의에 들어가기에 앞서, 한국어의 「아/어」표시와 「고」표시가 나타나는 「V1 – 어 – V2」문과 「V1 – 고 – V2」문은 크게 일본어의 「V1 – て(te) – V2」문과 세 가지 유형의 대응관계를 보이고 있다는 사실을 살펴보도록 하자.

(4) a. 철수가 빵을 먹 – 어 – 두다.

　　a ′ *철수가 빵을 먹 – 고 – 두다.

　　b. チョルス－が パン－を 食べ－て－お－く。

　　　철수 – Nom 빵 – Acc 먹 – te – 두 – Pres

(5) a. 철수가 빵을 먹 – 어 – 버리 – 었 – 다.

　　a ′ 철수가 빵을 먹 – 고 – 말 – 았 – 다.

　　b. チョルス－が パン－を 食べ－て－しまっ－た。

　　　철수 – Nom 빵 – Acc 먹 – te – 버리/말 – Past

(6) a. *철수가 빵을 먹 – 어 – 놀 – 았 – 다.

　　a ′ 철수가 빵을 먹 – 고 – 놀 – 았 – 다.

　　b. チョルス－が パン－を 食べ－て－遊ん－だ。

　　　철수 – Nom 빵 – Acc 먹 – te – 놀 – Past

 단문과 복문에 관한 문법론

(4)와 (5)는 일본어와 한국어의 V2가 모두 보조동사인 경우의 대응관계를 보여 주고 있다. (4a)의 적격성과 (4a´)의 부적격성이 보여 주고 있듯이, 일본어의 「V1 - て(te) - 보조동사」문인 (4b)에 대해서 한국어는 「V1 - 어 - 보조동사」문인 (4a)만이 대응하는 경우와 (5a)와 (5a´)의 적격성이 보여 주고 있듯이, 한국어의 「V1 - 어 - 보조동사」문과 「V1 - 고 - 보조동사」문의 양쪽 모두에 대응하는 경우가 있음을 알 수 있다.

(6)은 일본어와 한국어 모두 V2가 본동사인 경우의 대응관계를 보여 주고 있다. (6a)의 부적격성과 (6a´)의 적격성이 보여 주고 있듯이, 일본어의 「V1 - te - 보조동사」문과 대응하는 한국어는 「V1 - 고 - 본동사」문뿐이다.

이상의 사실을 정리하면, V2가 보조동사인 경우 일본어의 「V1 - て(te) - 보조동사」문에 대응하는 한국어는 「V1 - 어 - 보조동사」문뿐인 경우와 「V1 - 어 - V2」문과 「V1 - 고 - V2」문 모두에 대응하는 경우가 존재하며, V2가 본동사인 경우는 일본어의 「V1 - て(te) - 본동사」문에 대응하는 한국어는 「V1 - 고 - 본동사」문뿐임을 알 수 있다.

5.2. 복문구조의 검증

본 절에서는 5.1.절의 가설 (3)을 주장하기 위한 기초 작업으로서, 우선 한국어의 「V - 어 - 버리다」문과 「V - 고 - 말다」문이 초기구조에 있어서 복문이라는 사실을 대용표현 현상, 존경어법 현상, 수동화 현상, NPI와 Neg의 분포 현상을 통해 간략히 명시할 것이다.[66]

5.2.1. 대용표현 현상

본서의 4장에서 일본어의 자료를 살펴보면서 명시했듯이, 한국어의 대용표현으로 생각할 수 있는 「그러하다」의 경우도 「직접목적어-동사」라는 연쇄에 있어서, 직접목적어를 제외하고 동사만을 대용하기 어려운 것 같다.[67]

(7) a.　손님1은 사용자 등록을 그만둬 버렸다.

　　 b.　손님2도 <u>그래</u> 버렸다.

　　 c.??　손님2도 사용자 등록을 <u>그래</u> 버렸다.

　　 d.??　손님2도 사용자 등록을 <u>그랬다</u>.

(8) a.　손님1은 사용자 등록을 그만두고 말았다.

　　 b.　손님2도 <u>그리하고</u> 말았다.

　　 c.??　손님2도 사용자 등록을 <u>그리하</u>고 말았다.

---

66) 본 장에서 초점을 맞추고 있는 문은 「V-어-버리다」문과 「V-고-말다」문이지만, 이는 다른 모든 「V-어/고-보조동사」문에도 해당된다. 그러므로 「그는 빵을 먹으려다가 말았다」와 같이 「말다」가 본동사로서 기능하고 있는 경우의 문은 상정하고 있지 않다. 참고로 본서에서 보조동사와 본동사를 구별하는 잠정적인 기준은 동사가 독립하여 기능할 수 있는가 없는가이다.

67) 대용표현에 관한 논의는 이와 같이 간단한 것 같지 않다(cf.양명희(1998)). 그럼에도 불구하고, 본서에서는 논의의 직접적인 장애가 되지 않는 한, 대용표현에 대한 이 이상의 논의는 하지 않을 것이다. 일본어의 대용표현에 관해서는 본서의 4장에서 논의하고 있다.

d.?? 손님2도 사용자 등록을 <u>그랬다</u>.

(7)은 「직접목적어 - V - 어 - 버리다」문에 나타나는 대용표현 현상을 보여 주고 있으며, (8)은 「직접목적어 - V - 고 - 말다」문에 나타나는 대용표현 현상을 보여 주고 있다.

(7b), (8b)의 적격성과 (7c), (8c)의 부적격성은 (7a)의 목적어인 「사용자 등록을」과 「V(그만두) - 어」의 연쇄가 하나의 성분을 이루지만, 「V - 어/V - 고」의 연쇄가 하나의 성분을 이루지는 못하고 있음을 보여 주고 있다. 또한, (7d), (8d)의 부적격성으로부터 「V - 어/V - 고」 연쇄와 V2가 하나의 성분을 이루지 못한다는 사실도 보여 주고 있다.

그러므로 (7b - d)와 (8b - d)는 (7a), (8a)가 각각 (9a), (10a)와 같은 복문구조에서 (9b - d), (10b - d)와 같이 나타나는 대용표현 현상이라고 생각할 수 있다.

(9) a. [s ⋯⋯[s ⋯⋯사용자 등록을 그만두]어 버리다]
    b. [s ⋯⋯[s ⋯⋯<u>그러하</u>]여 버리다]
    c.??[s ⋯⋯[s ⋯⋯사용자 등록을 <u>그러하</u>]여 버리다]
    d.??[s ⋯⋯[s ⋯⋯ 사용자 등록을 <u>그러</u>]하다]

(10) a. [s ⋯⋯[s ⋯⋯사용자 등록을 그만두]고 말다]
    b. [s ⋯⋯[s ⋯⋯<u>그러하</u>]고 말다]
    c.??[s ⋯⋯[s ⋯⋯사용자 등록을 <u>그러하</u>]고 말다]
    d.??[s ⋯⋯[s ⋯⋯사용자 등록을 <u>그러</u>]하다]

5.2.2. 존경어법 현상

본서의 3장, 4장에서 명시한 바와 같이 존경어법 현상은 국소적인 영역에서 주어와 이와 호응하는 존경어(H)의 일치관계로 나타나는 현상이라고 할 수 있다. 한국어에 나타나는 이와 같은 존경어법 현상을 한 번 더 살펴보도록 하자. 한국어의 경우 존경어 형태는 「(으)시」이다.

(11) a. [s 학생은 [s <u>선생님</u>이 구두를 신으<u>셨</u>다]고 생각했다]

　　 b. [s <u>선생님</u>은 [s 학생이 구두를 신었다]고 생각하<u>셨</u>다]

　　 c. *[s 학생은 [s <u>선생님</u>이 구두를 신었다]고 생각하<u>셨</u>다]

　　 d. *[s <u>선생님</u>은 [s 학생이 구두를 신으<u>셨</u>다]고 생각했다]

　　 e. *[s 학생은 [s <u>선생님</u>이 구두를 신으<u>셨</u>다]고 생각하<u>셨</u>다]

(11a), (11b)의 적격성과 (11c), (11d)의 부적격성이 보여 주고 있는 것처럼, 주어와 존경형 「시」는 국소적인 영역 안에서 일치관계를 맺고 있어야만 한다. 또한, (11e)의 부적격성은 존경형 「시」와 일치관계를 갖고 있는 주어는 [＋Honorable]이라는 자질을 갖고 있지 않으면 안 된다는 의미적인 조건도 필요함을 보여 주고 있다.

이와 같은 존경어법 현상에 존재하는 주어와 존경어형의 국소적인 일치관계를 염두에 두고, 「V－어－버리다」문과 「V－고－말다」문에 나타나는 존경어법 현상을 살펴보도록 하겠다.

(12) a. <u>손님</u>은 구두를 신으<u>셔</u> 버렸다.

 단문과 복문에 관한 문법론

    b. <u>김 선생님</u>은 논문을 읽<u>으셔</u> 버렸다.

(13) a. <u>손님</u>은 구두를 신<u>으시</u>고 말았다.

    b. <u>김 선생님</u>은 논문을 읽<u>으시</u>고 말았다.

  주어와 존경어(H)의 국소적인 일치관계를 고려하면, (12)와 (13)이 보여 주고 있는 사실은 각각 (14a)와 (14b)와 같은 복문구조에 나타나는 존경어법 현상으로 명시할 수 있다.[68]

(14) a. [s [s 주어······존경형(H)]어 – 버리다]
        └─── 일치 ───┘

    b. [s [s 주어······존경형(H)]고 – 말다]
         └─── 일치 ───┘

5.2.3. 수동화 현상

  3장에서 명시한 일본어의 수동화 현상과 마찬가지로, 한국어의 수동화 현상도 일반적으로 하나의 절 안에서 일어나는 현상이라고

---

68) 한국어의 「아/어」표시문, 「고」표시문에서는 존경어형인 「시」가 반복하여 나타날 수 있다.
  (i) 손님은 구두를 신<u>으시</u>어 신<u>으시</u>어 신<u>으시</u>어 버렸다.
  (ii) 손님은 구두를 신<u>으시</u>고 신<u>으시</u>고 신<u>으시</u>고 말았다.
  (i)과 (ii)는 「V－H」와 주어명사구의 일치관계로부터 각각 (iii), (iv)와 같이 명시할 수 있다.
  (iii) [s 주어i [s ti [s ti [s ti ······ V－H－어] V－H－어]] V－H－어] 버렸다]
  (iv) [s 주어i [s ti [s ti [s ti ······ V－H－고] V－H－고]] V－H－고] 버렸다]

생각할 수 있다. 여기서는 동사에 수동형태가 나타남으로 해서 일어나는 국소적인 영역의 대격과 주격의 격교체 현상에 주목할 것이다.

(15) a. 영희는 [철수가 컴퓨터를 부수는] 것을 보았다.

    b. 영희는 [컴퓨터가 부서지는] 것을 보았다.

    c. *(영희에게) [컴퓨터가 부수는] 것을 보였다.

    d. (영희에게) [철수가 컴퓨터를 부수는] 것이 보였다.

    e. *(영희에게) [철수가 컴퓨터를 부수는] 것을 보였다.

(15b), (15d)의 적격성이 보여 주고 있는 것은 수동형이 나타나는 동사가 내포절 동사이면, 내포절의 대격이 주격으로 바뀌는 격교체 현상이 나타나고, 수동형이 나타나는 동사가 주절동사이면 내포적의 대격에는 격교체 현상이 나타나지 않는다는 사실이다. 한편, (15c), (15e)의 부적격성이 보여 주고 있는 것은 수동형이 주절동사에 나타나면, 내포절 안의 대격이 주격으로 바뀌는 격교체 현상이 나타나지 않는다는 사실이며, 이는 주절의 수동형이 내포절 안의 대격에 어떠한 영향도 미치지 않고 있음을 보여 주고 있다.

이와 같이 수동화 현상은 국소적인 영역에서 나타나는 작용이라고 생각할 수 있다. 수동화 현상이 보여 주고 있는 이와 같은 국소성을 염두에 두고, 「V－어－버리다」문과 「V－고－말다」문에 나타나는 수동화 현상을 살펴보도록 하자.

(16) a. 철수가 컴퓨터를 부숴 버렸다.

　　b. 컴퓨터가 부서져 버렸다.

(17) a. 철수가 컴퓨터를 부수고 말았다.
　　 b. 컴퓨터가 부서지고 말았다.

　(16)은 「V－어－버리다」문에 나타나는 수동화 현상을 보여 주고 있으며, (17)은 「V－고－말다」문에 나타나는 수동화 현상을 보여 주고 있다.

　(16b), (17b)는 내포동사에 수동형이 나타남으로 해서 목적어인 「컴퓨터」에 있던 대격이 주격으로 바뀌는 격교체 현상이 나타나고 있다. 이와 같은 사실은 (16), (17)은 각각 (18), (19)와 같은 복문구조에 나타나는 수동화 현상을 보여 주고 있다고 할 수 있다.

(18) a. [s 주어i [s ei …… 컴퓨터－Acc V－어] 버리다]
　　 b. [s [s 컴퓨터－Nom …… V－Pass－어] 버리다]

(19) a. [s 주어i [s ei …… 컴퓨터－Acc V－고] 말다]
　　 b. [s [s 컴퓨터－Nom …… V－Pass－고] 말다]

5.2.4. NPI와 Neg의 분포 현상

　NPI와 Neg의 동일절 내 제약은 본서의 3장에서 명시한 바와 같이 Neg와 NPI의 관계가 국소적으로 일치하여 나타나야만 한다는 제약이다.

(20) a. <u>아무도</u> 철수를 부르지 <u>않았다</u>.

　　　b. *<u>아무도</u> 철수를 <u>불렀다</u>.

(21) a. 철수는 <u>아무것도</u> 먹지 <u>않았다</u>.

　　　b .*철수는 <u>아무것도</u> 먹었다.

(20a), (21a)의 적격성과 (20b), (21b)의 부적격성은 NPI와 Neg는 상호 관련성(일치)을 맺고 있어야만 한다는 사실을 보여 주고 있다.

(22) a. 철수는 [<u>아무도</u> 영희를 부르지 <u>않았다</u>]고 생각했다.

　　　b.??철수는 [<u>아무도</u> 영희를 불렀다]고 생각하지 <u>않았다</u>.

(23) a. 철수는 [영희가 <u>아무것도</u> 먹지 <u>않았다</u>]고 생각했다.

　　　b. *철수는 [영희가 <u>아무것도</u> 먹었다]고 생각하지 <u>않았다</u>.

(22a), (23a)의 적격성과 (22b), (23b)의 부적격성은 NPI와 Neg가 국소적인 관계를 맺고 있어야만 한다는 사실을 보여 주고 있다.

NPI와 Neg의 이와 같은 상호 관련성을 염두에 두고 「V－어－버리다」문과 「V－고－말다」문에 나타나는 NPI와 Neg의 분포 현상을 살펴보도록 하자.

(24) a. 나는 <u>아무것도</u> 하지 <u>않아</u> 버렸다.

b. 나는 <u>아무것도</u> 제출하지 않아 버렸다.

(25) a. 나는 <u>아무것도</u> 하지 <u>않</u>고 말았다.

  b. 나는 <u>아무것도</u> 제출하지 <u>않</u>고 말았다.

  NPI와 Neg의 동일절 내 제약에 따라, 「V－어－버리다」문인
(24)와 「V－고－말다」문인 (25)가 보여 주고 있는 사실은 각각
(26a)와 (26b)와 같은 복문구조에서의 NPI와 Neg의 분포 현상이라
고 할 수 있다.[69]

(26) a. [s [s NPI …… V－Neg－어] 버리다]

  b. [s [s NPI …… V－Neg－고] 말다]

  이상 대용표현 현상, 존경어법 현상, 수동화 현상, NPI와 Neg의
분포 현상을 통해서, 「V－어－버리다」문과 「V－고－말다」문이 복
문구조라는 사실을 확인했다.[70]

---

69) NPI와 Neg의 동일절 내 제약만으로는 (24), (25)의 NPI와 「버리다」, 「말다」가 서로 다른
  절에 있다는 직접적인 증거로 작용하지 않을 가능성이 있다. 그러나 5.2.1.절～5.2.3절에서
  명시한 「V－어－버리다」문과 「V－고－말다」문이 복문구조라는 사실을 전제로 한다면,
  (24), (25)의 NPI와 Neg의 분포 현상은 「V－어－버리다」문과 「V－고－말다」문이 복문구
  조라는 사실로부터 예측할 수 있는 현상이다.
70) 이와 같은 주장은 Choe(1988), 이해영(1992), 최재희(1996), 김영희(1993) 등과 동일선상
  에 있는 입장이다.

5.3. 재구조화 현상의 유무

본 장에서는 「V−어−버리다」문에는 재구조화 현상이 나타나지만, 「V−고−말다」문에는 재구조화 현상이 나타나지 않는다는 사실을 제시할 것이다. 특히, 앞에서도 다루었던 NPI와 Neg의 동일절 내 제약과 「만」과 Neg의 스코프 현상은 이와 같은 논의의 강력한 증거로 제시될 것이다. 이 밖에 단일어화 현상도 언급할 것이다.

5.3.1. NPI와 Neg의 분포 현상

5.2.4.절에서는 「V−어−버리다」문과 「V−고−말다」문의 내포절에서 NPI와 내포동사 뒤에 나오는 Neg의 분포 현상을 확인했다. 그러나 한편에서는 아래 (27)과 (28)이 보여 주고 있는 것처럼 「V−어−버리다」문에서는 내포절의 NPI와 이와 일치하는 주절동사(「버리다」) 뒤에서의 Neg를 확인할 수 있으나, 「V−고−말다」문에서는 내포절의 NPI와 이와 일치관계를 맺고 있는 Neg를 주절동사(「말다」) 뒤에서는 확인할 수 없다.

(27) a. 나는 <u>아무것도</u> 해 버리지 <u>않았다</u>.

     b. 나는 <u>아무것도</u> 제출해 버리지 <u>않았다</u>.

(28) a. *나는 <u>아무것도</u> 하고 말지 <u>않았다</u>.

b. *나는 <u>아무것도</u> 제출하고 말지 <u>않았다</u>.

NPI와 Neg의 동일절 내 제약에 따라, (27)의 적격성과 (28)의 부적격성은 각각 (29a)와 같은 단문구조와 (29b)와 같은 복문구조에서 나타나는 NPI와 Neg의 분포 현상이라고 생각할 수 있다.

(29) a.　[s ······ <u>NPI</u> V − 어 − 버리 − <u>Neg</u> ······]
　　　b. *[s ······ [s ······ <u>NPI</u> V − 고 − 말] <u>Neg</u> ······]

그러므로 앞 절(5.2.절)에서 명시한 「V − 어 − 버리다」문과 「V − 고 − 말다」문의 복문구조를 고려하면, (27)은 처음에 복문이었던 「V − 어 − 버리다」문에 재구조화 현상이 나타났기 때문에 적격문이라고 설명할 수 있으며, (28)은 「V − 고 − 말다」문에 재구조화 현상이 나타나지 않았기 때문에 부적격문이라고 설명할 수 있다.

5.3.2. 「만」과 Neg의 스코프 현상

본서의 3장과 4장에서 명시했듯이, 「만」이 Neg보다 넓은 스코프를 취하는 경우와 「만」이 Neg보다 좁은 스코프를 취하는 경우의 「만」과 Neg의 구조상의 위치관계는(일본어의 「*だけ*(dake)」와 Neg의 경우와 마찬가지로) (30a), (30b)와 같이 명시할 수 있다.

(30)

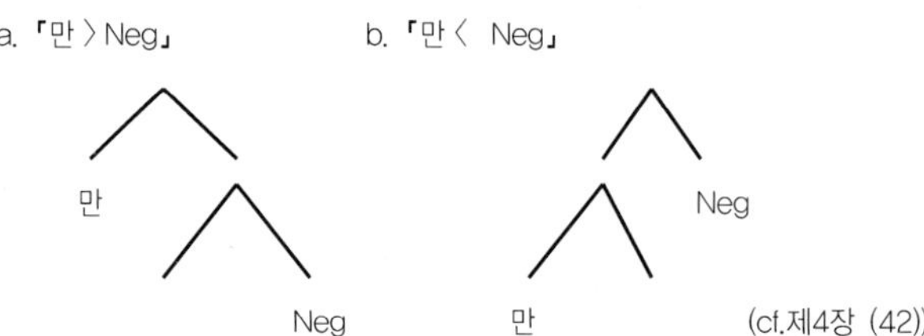

　　(30)과 같은 「만」과 Neg의 스코프 관계와 양자의 구조적인 위치
관계를 염두에 두고, 「V－어－버리다」문과 「V－고－말다」문에 나
타나는 「만」과 Neg의 스코프 관계를 살펴보도록 하겠다.

(31) a. 철수가 <u>사과만</u>을 먹어 버리지 않았다.

　　 b. 철수가 먹어 버리지 않은 것은 유일하게 사과뿐.

　　　 「만〉Neg」

　　 c. ?철수가 사과뿐만이 아니라, 다른 것도 먹어 버렸다.

　　　 「만〈Neg」

(32) a. 철수가 <u>사과만</u>을 먹고 말지 않았다.

　　 b. ??철수가 먹고 말지 않은 것은 유일하게 사과뿐.

　　　 「만〉Neg」

　　 c. 철수가 사과뿐만이 아니라, 다른 것도 먹고 말았다.

　　　 「만〈Neg」

　　(31)은 「V－어－버리다」문에 나타나는 「만」과 Neg의 스코프 현

상이며, (32)는 「V－고－말다」문에 나타나는 「만」과 Neg의 스코프 현상이다.

(31b)와 (31c)가 보여 주고 있는 것처럼, (31a)에서는 「만」이 Neg보다 넓은 스코프를 취하는 의미해석과 「만」이 Neg보다 좁은 스코프를 취하는 의미해석이 모두 나타난다. 특히, 「만」이 Neg보다 넓은 스코프를 취하는 의미해석인 (31b)가 나타난다는 사실은 (30a)의 목적어인 「사과－만」이 Neg보다 구조적으로 높은 곳에 위치하지 않으면 안 된다는 사실을 보여 주고 있다. 만약에 「목적어(사과)－만」이 「V－어－버리다」문의 내포절 목적어라고 한다면, 「사과－만」은 내포절을 넘어 주절에 있는 Neg보다 위로 이동할 수 없으므로, 「사과－만」이 Neg보다 구조적으로 높은 위치에 있기 위해서는 「V－어－버리다」문이 단문구조라고 생각해야만 가능하다. 단문구조에서는 「사과－만」이 뒤섞기(scrambling)와 같은 조작으로 인해 Neg보다 높은 위치로 이동했다고 생각할 수 있다.

한편, 「V－고－말다」문인 (32a)의 경우는 「만」이 Neg보다 넓은 스코프를 위하는 의미해석인 (32b)는 불분명하지만, 「만」이 Neg보다 좁은 스코프를 취하는 의미해석인 (32c)는 명확히 나타난다. 특히, (32a)에서 (32b)와 같은 「만 〉 Neg」의 의미해석이 나타나지 않는다는 사실은 상술한 「V－어－버리다」문과는 대조적으로, 「V－고－말다」문에는 재구조화 현상이 나타나지 않고 있음을 보여 주고 있다.

이상과 같은 「만」과 Neg의 스코프 현상으로부터, 「V－어－버리다」문에서는 재구조화 현상이 관찰되지만, 「V－고－말다」문에서는 재구조화 현상이 관찰되지 않는다는 사실을 알 수 있다. 「V－어－

버리다」문과 「V - 고 - 말다」문에 나타나는 이와 같은 다른 예들을
제시하면 다음과 같다.

(33) a. <u>가방만</u>을 날라 버리지 <u>않</u>았다.

　　 b. 날라 버리지 않은 것은 유일하게 가방뿐. 「만 〉 Neg」

　　 c. ?가방뿐만이 아니라, 다른 물건도 날라 버렸다. 「만〈 Neg」

(34) a. <u>가방만</u>을 나르고 말지 <u>않</u>았다.

　　 b. ??나르고 말지 않은 것은 유일하게 가방뿐. 「만 〉 Neg」

　　 c. 가방뿐만이 아니라, 다른 물건도 나르고 말았다. 「만〈 Neg」

(35) a. <u>이 방만</u>을 청소해 버리지 <u>않</u>았다.

　　 b. 청소해 버리지 않은 것은 유일하게 이 방뿐. 「만 〉 Neg」

　　 c. ?이 방뿐만이 아니라, 다른 방도 청소해 버렸다. 「만〈 Neg」

(36) a. <u>이 방만</u>을 청소하고 말지 <u>않</u>았다.

　　 b. ??청소하고 말지 않은 것은 유일하게 이 방뿐. 「만 〉 Neg」

　　 c. 이 방뿐만이 아니라, 다른 방도 청소하고 말았다. 「만〈 Neg」

5.3.3. 단일어화 현상

　4장에서 명시했듯이, 어떤 요소가 단일 요소(하나의 단어)라고 한
다면, 그 내부에 부조사와 같은 요소를 개입시킬 수 없다.

(37) a.　철수가 빵을 [던지다].

　　　 b. *철수가 빵을 [던 - 은 - 지다].

(38) a.　철수가 버스를 [갈아타다].

　　　 b. *철수가 버스를 [갈아는 타다].

　(37b), (38b)의 부적격성이 보여 주고 있듯이, 동사 「던지다」와 「갈아타다」는 각각의 내부에 「은/는」과 같은 부조사를 개입시킬 수가 없으므로, 단일어(하나의 단어)라고 생각할 수 있다.

　이와 같은 단일어화 현상을 고려하면, 「V - 어 - 버리다」문의 「V - 어」와 「버리다」, 「V - 고 - 말다」문의 「V - 고」와 「말다」 사이에 부조사가 나타나는지 나타나지 않는지를 관찰함으로써, 「V - 어」와 「버리다」, 「V - 고」와 「말다」가 단일어화되어 있는지 그렇지 않은지를 확인할 수가 있다.

(39) a.　철수가 차를 부숴 버렸다.

　　　 b. *철수가 차를 부숴는 버렸다.

(40) a.　철수가 차를 부수고 말았다.

　　　 b. ?철수가 차를 부수고는 말았다.

　(39b)의 부적격성이 보여 주고 있는 바와 같이, 「V - 어 - 버리다」문은 「V - 어」와 「버리다」 사이에 부조사 「은/는」의 개입을 허용하고 있지 않다. 한편, (40b)의 적격성이 보여 주고 있는 바와 같이, 「V -

고-말다」문은 「V-고」와 「말다」 사이에 부조사 「은/는」의 개입을 허용하고 있다.71) 그러므로 (39b)의 부적격성과 (40b)의 적격성은 각각 (41a)와 (41b)와 같은 성분 간의 관계로 명시할 수 있다.

   (41) a. *[s …… [s …… [V-어]] [버리다]]
       b. [s …… [s …… [V-고]] [말다]]

이상과 같은 사실로부터 「V-어-버리다」문에는 재구조화 현상이 나타나기 때문에 「V-어」와 「버리다」가 하나의 성분으로 기능하고 있다고 생각할 수 있으며, 「V-고-말다」문에는 재구조화 현상이 나타나지 않기 때문에 「V-고」와 「말다」가 각각 독립된 성분으로 기능하고 있다고 생각할 수 있다.

이상, NPI와 Neg의 동일절 내 제약, 「만」과 Neg의 스코프 현상, 단일어화 현상을 통해서, 「V-어-버리다」문에서는 재구조화 현상이 나타나지만, 「V-고-말다」문에서는 재구조화 현상이 나타나지 않는다는 사실을 확인했다. 이러한 사실들은 상술한 가설(3)의 타당성을 지지하는 경험적 증거로 제시될 수 있다.

---

71) (39b)와 (40b)의 허용도 판단에 있어서, 한국어 화자에 따라서는 양자의 허용도 차이를 인정
   하지 못하는 화자도 있는 듯하다. 그러나 적어도 다음과 같은 「V-아/어-버리다」문과 「V-
   고-말다」문이 보여 주고 있는 허용도에 대한 대비는 부정할 수 없을 것이다.
   (i) ??/*아이가 넘어져는 버리었다.
   (ii) 아이가 넘어지고는 말았다.

5.4. 가설의 검증

본 장에서는 지금까지 제시해 온 가설 (3)에서 예측할 수 있는 「아/
어」표시문과 「고」표시문의 현상을 살펴봄으로써, 가설 (3)의 타당성
을 검증하고 재구조화 현상의 유무(가설(3))는 초기구조로서 「아/어」
표시문과 「고」표시문의 구조적 차이로 환원할 수 있음을 제안할
것이다. 논의 과정에서 Miyagawa(1986)가 지적하고 있는 일본어의
PE(purpose express)문에 나타나는 재구조화 현상의 인접성
(adjacency) 조건이 재구조화 현상이 나타나는 「아/어」표시문에도
적용됨을 명시할 것이다. 동시에 한국어의 PE문에도 재구조화 현
상과 인접성 조건이 존재하고 있음을 확인할 것이다.

5.4.1. 「아/어」표시문 vs 「고」표시문

지금까지 명시한 「V – 아/어 – 버리다」문과 「V – 고 – 말다」문에
나타나는 제반 현상은 「아/어」표시문에는 재구조화 현상이 나타나
지만, 「고」표시문에는 재구조화 현상이 나타나지 않는다는 가설 (3)
에 대한 근거가 된다. 이와 같은 가설 (3)이 타당하다고 한다면, 한
국어의 다른 모든 「아/어」표시문에서는 재구조화 현상이 나타나지
만, 「고」표시문에서는 재구조화 현상이 나타나지 않는다고 예측할
수 있다.

이하, NPI와 Neg의 동일절 내 제약을 이용하여, 이러한 예측이

올바르다는 사실을 명시할 것이다.

먼저 「아/어」표시문에 나타나는 NPI와 Neg의 분포 현상부터 살펴보기로 하겠다.

    (42) a. 태양빛은 <u>아무것도</u> 만들어 내지 <u>않</u>았다.

        b. 휴양은 <u>아무것도</u> 풀어 주지 <u>않</u>았다.

        c. 손님들은 <u>아무것도</u> 확인해 두지 <u>않</u>았다.

        d. 그는 <u>아무것도</u> 들어 보지 <u>않</u>았다.

        e. 대대로 이 집은 <u>아무것도</u> 이어 가지 <u>않</u>았다.

(42)는 「아/어」표시문인 「V – 어 – 내다」문, 「V – 어 – 주다」문, 「V – 어 – 두다」문, 「V – 어 – 보다」문, 「V – 어 – 가다」문에 나타나는 NPI와 Neg의 분포 현상을 보여 주고 있다. (42)의 적격성으로부터 「아/어」표시문은 (43)과 같은 단문구조를 보여 주고 있다고 할 수 있다.

    (43) [s ······ [NPI] [V – 어 – 보조동사] [Neg]]

다음은 「고」표시문인 「V – 고 – 있다」문, 「V – 고 – 보다」문에 나타나는 NPI와 Neg의 분포 현상을 살펴보도록 하자.

    (44) a. *(아침부터) 사자는 <u>아무것도</u> 먹고 있지 <u>않</u>았다.[72]

        b. *그녀는 <u>아무것도</u> 인정하고 보지 <u>않</u>았다.

---

72) 이 문을 「상태지속」이라는 의미해석으로 생각하면 적격문이다.

c. ??비밀에도 불구하고 철수는 <u>아무것도</u> 숨기고 보지 <u>않았다</u>.

(44)의 부적격성으로부터 「고」표시문은 (45)와 같은 단문구조로가 아니라고 생각할 수 있다.

(45) *[s …… [NPI] [V-고-보조동사] [Neg]]

이상과 같은 사실은 「아/어」표시문은 재구조화 현상이 나타나는 문이고, 「고」표시문은 재구조화 현상이 나타나지 않는 문이라는 가설 (3)의 타당성을 지지하는 것이다.

5.4.2. PE문과 인접성 조건

Miyagawa(1986)는 일본어의 PE(purpose expression)문에서 관찰되는 재구조화 현상의 경우 반드시 인접성 조건을 지켜야 된다고 지적하고 있다. Miyagawa가 지적한 인접성 조건은 다음과 같은 사실을 근거로 하고 있다.

(46) a. 太郎-が 神田-に 本-を 買いに 行っ-た。
　　　타로우-Nom 칸다-loc 책-Acc 사러 가-Past
　　　"타로우가 칸다에 책을 사러 갔다."
　　b. 太郎i-が 神田-に [PROi 本-を 買いに] 行っ-た。
　　　타로우i-Nom 칸다-loc PROi 책-Acc 사러 가-Past

c. 太郎－が 神田－に 本－を <u>自轉車－で</u> 買いに <u>行っ－た</u>。

   타로우－Nom 칸다－loc 책－Acc 자전거－ins 사러 가－

   Past

d. *太郎－が 本－を <u>自轉車－で</u> 買いに 神田－に <u>行っ－た</u>。

   타로우－Nom 책－Acc 자전거－ins 사러 칸다－loc 가

   －Past

(46b)는 (46a)의 구조를 보여 주고 있다.

(46c)에서는 「太郎が神田に自轉車で行った、本を買いに(타로우가 칸다에 자전거로 갔다, 책을 사러)」와 같은 의미해석이 나타나지만, (46d)에서는 이와 같은 의미해석이 나타나지 않는다. (46c)에서 「太郎が神田に自轉車で行った、本を買いに(타로우가 칸다에 자전거로 갔다, 책을 사러)」와 같은 의미해석이 나타날 수 있는 것은 (46c)가 (46b)와 같은 복문구조가 아닌 단문구조로 기능하게 되었기 때문에, 원래 내포절에 있었던 「自轉車で(자전거로)」와 주절 동사인 「行った(갔다)」가 상호 연관성을 갖게 되었기 때문이라고 설명할 수 있다.

한편, (46d)에서는 이와 같은 의미해석이 나타나지 않는데, (46c)와의 차이를 살펴보면, (46d)에는 「買いに(사러)」와 「行った(갔다)」사이에 「神田に(칸다에)」라는 부사가 개입하고 있음을 알 수 있다. 다시 말해서, (46d)에서 「自轉車で行った(자전거로 갔다)」라는 의미해석이 나타나지 않는 것은 「買いに(사러)」와 「行った(갔다)」사이에 「神田に(칸다에)」라는 부사가 개입하고 있기 때문이라고 설명할 수 있다. 이는 PE문에서 나타나는 재구조화 현상에는 인접성 조

건이 지켜져야만 한다는 것을 보여 주고 있다.

이와 같은 Miyagawa(1986)의 인접성 조건이 일반적으로 타당성을 갖는 제약이라고 한다면, 재구조화 현상이 나타나는 한국어의 「아/어」표시문에 적용시킬 경우 (46)과 똑같은 결과를 예측할 수가 있다.73)

(47) a. 영희는 <u>바다에서</u> 문어를 <u>맛있게</u> 낚아 먹었다.
     b. *영희는 문어를 <u>맛있게</u> 낚아 <u>바다에서</u> 먹었다.

(48) a. 철수는 <u>방에서</u> 서류를 <u>의자 위에</u> 찢어 버렸다.
     b. *철수는 서류를 <u>의자 위에</u> 찢어 <u>방에서</u> 버렸다.

(47)과 (48a)는 부사구인 「맛있게」, 「의자 위에」를 각각 주절동사인 「먹」, 「버리」와 관련시켜 「의자 위에 버렸다」와 같은 의미해석이 가능하지만, (47b)와 (48b)로부터는 이와 같은 의미해석은 불가능하다. 이와 같은 사실은 상술한 일본어의 PE문의 경우와 동일한 현상이며, 전자((47a), (48a))의 경우 「V－어－먹다」문과 「V－어－버리다」문에 재구조화 현상이 나타났기 때문에 「맛있게 먹었다」, 「의자 위에 버렸다」와 같은 의미해석이 나타난다고 설명할 수 있다. 한편, 후자((47b), (48b))의 경우는 「V－어－먹다」문과 「V－어－버

---

73) 여기서는 Miyagawa(1986)의 테스트를 적용시키기 위해서, 「V－어－보조동사」문이 아닌 재구조화 현상이 나타나는 「V－어－본동사」문을 이용할 것이다. (47)의 「V－어－먹다」문과 (48)의 「V－어－버리다(본동사)」문에 재구조화 현상이 나타난다는 사실은 아래 NPI와 Neg의 분포 현상으로부터 명시할 수 있다.
(i) 영희는 [<u>아무것도</u> 낚]아 먹지 <u>않았</u>다.
(ii) 영희는 [<u>아무것도</u> 찢]어 버리지 <u>않았</u>다.

리다」문에 재구조화 현상이 나타나지 않았기 때문에, 「맛있게 먹었다」, 「의자 위에 버렸다」와 같은 의미해석이 나타나지 않는다고 설명할 수 있다.

나아가, (47a), (48a)와 (47b), (48b)의 차이는 (47b), (48b)에는 내포절의 동사와 주절의 동사 사이에 「바다에서」, 「방에서」와 같은 부사가 각각 개입하고 있다는 점이므로, (47b)와 (48b)가 「아/어」표시문임에도 불구하고 재구조화 현상이 나타나지 않는 이유는 인접성 조건을 위반하고 있기 때문이라고 설명할 수 있다.

이상에서 명시한 바와 같이, PE문에서 지적한 Miyagawa의 인접성 조건은 한국어의 「아/어」표시문에도 동일하게 적용되고 있음을 알 수 있다.[74] 또한 이와 같은 인접성 조건은 한국어의 PE문에도 동일하게 적용되리라 예측할 수 있으며, 이와 같은 예측은 한국어의 PE문에서도 재구조화 현상이 나타난다는 사실을 확인함으로써 가능하다.

(49) a. 철수가 서울에 책을 <u>차로</u> 사러 <u>갔다</u>.
     b. *철수가 책을 <u>차로</u> 사러 서울에 <u>갔다</u>.

한국어의 PE문인 (49)가 보여 주고 있는 사실은 (46)에서 보여 준 일본어의 PE문과 동일한 현상이라는 점이다. 다시 말해, 수단을 나타내고 있는 「차로」가 내포절에 위치하고 있음에도 불구하고 (49a)에서는 「철수가 서울에 차로 갔다, 책을 사러」와 같은 의미해

---

74) Miyagawa(1986)가 언급하고 있는 인접성 조건은 「아/어」표시문에 나타나는 재구조화 현상에 있어서 필요조건이기는 하지만, 모든 재구조화 현상에 있어서 필요조건은 아니라고 생각된다. 재구조화 현상은 형태적인 결합도와는 무관한 통사 현상이라고 할 수 있다.

석이 가능하지만, 한편 (49b)에서는 수단을 나타내고 있는「차로」
와 주절동사인「갔다」가 연동하는「철수가 서울에 차로 갔다, 책을
사러」와 같은 의미해석이 불가능하다.

　이와 같은 (49a)와 (49b)의 대비적인 현상은 (49a)에는 재구조화
현상이 나타나고 있기 때문에 (49a)가 적격문으로 나타나고, (49b)
에는 재구조화 현상이 나타나고 있지 않기 때문에 (49b)는 부적격
문으로 나타난다고 설명할 수 있다. 특히 (49b)에 재구조화 현상이
나타나지 않는 이유는 내포절의 핵인「사」와 주절동사인「가」사
이에 장소를 나타내는 부사「서울에」가 개입하고 있기 때문이라고
생각할 수 있으므로, (49b)의 부적격성은 한국어의 PE문에서도 인
접성 조건이 지켜져야 함을 보여 주는 현상이라고 할 수 있다.

5.5.「아/어」표시문과「고」표시문의 통사구조

　종래 한국어 연구에 있어서,「아/어」표시와「고」표시는 보문소라
고 여겨져 왔다(cf.임홍빈(1987), 유동석(1995) 등). 그러나 지금까지
보아 온「아/어」표시문과「고」표시문에서의「아/어」와「고」의 통
사적인 기능은「아/어」표시와「고」표시가 단순히 보문소로서만 기
능하고 있지 않다는 사실을 보여 주고 있으며, 재구조화 현상의 유
무와 관련한 기능을 갖고 있음을 보여 주고 있다. 특히, 지금까지
명시한「아/어」표시문과「고」표시문의 대비 현상은 재구조화 현상
의 유무에 있어서「아/어」표시와「고」표시가 별변된 기능을 갖고

있음을 보여 주고 있다.

즉, 가설 (3)의 사실은 「아/어」표시와 「고」표시의 통사적인 위치가 서로 다르다는 사실을 시사하고 있으므로, 가설 (3)은 「아/어」표시문과 「고」표시문의 통사구조의 차이로 환원하여 설명할 수가 있다.

재구조화 현상에 나타나는 구조를 제시하고 있는 Wurmbrand(2001)를 원용하면, 재구조화 현상에 나타나는 「아/어」표시문의 통사구조는 (50a)와 같이 제시할 수 있으며,[75] 재구조화 현상이 나타나지 않는 「고」표시문의 통사구조는 (50b)와 같이 제시할 수 있다. (50b)의 구조에 있어서 재구조화 현상이 나타나지 않는 것은 내포절의 동사와 주절의 동사 사이에 기능범주인 T(tense)와 C(complementizer)라고 생각할 수 있는 「고」가 개입하고 있기 때문이라고 생각할 수 있다.

---

75) 정확하게는 「아/어」표시는 vP의 핵인 「v」의 뒤에 「v − 어」와 같이 나타내야만 하나, 여기서는 「아/어」표시가 어스펙트 표시와 같은 일정한 기능범주로서의 자격을 가지고 있을 가능성도 배제하지 않기 위해서 X°로 표시하고 있다. X°(「아/어」)가 명확히 어떠한 기능범주인가는 현시점에서는 규정할 수 없다. 금후의 과제로 삼도록 하겠다.

(50)

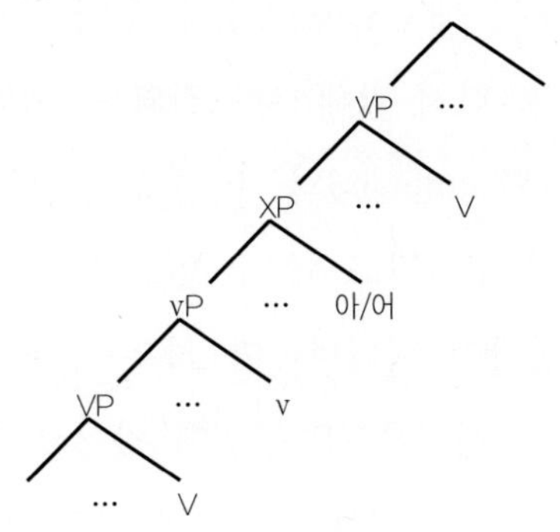

a. 「아/어」표시문의 통사구조

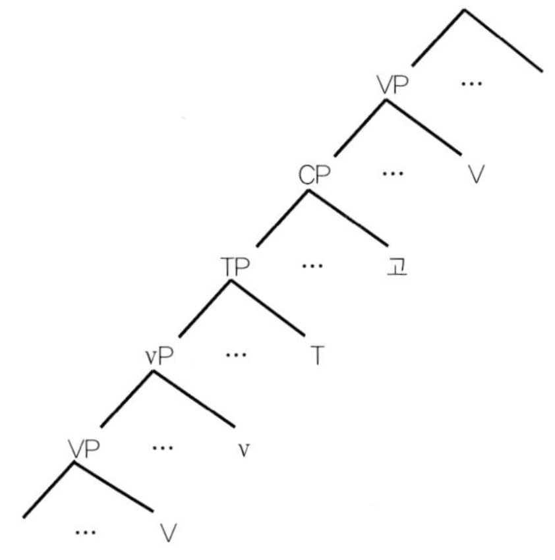

b. 「고」표시문의 통사구조

(50a)와 (50b)로부터 알 수 있는 것은 「아/어」표시문의 「아/어」표시는 vP를 보부로 취하는 구조이고, 「고」표시문의 「고」표시는 TP를 보부로 취하는 구조라는 사실이다. 즉, 「아/어」표시의 구조적인 위치는 「고」표시의 구조적인 위치보다 낮은 위치에 있다고 할 수 있다.

5.1.절에서 언급한 바와 같이, Wurmbrand가 제시한 (50a)의 통사구조는 어휘적 재구조화 동사에 있어서는 재구조화 현상이 나타나지 않는 구조이며, 기능적 재구조화 동사에 있어서만 재구조화 현상이 나타나는 구조이다. 다시 말해, 내포절의 동사와 주절의 동사 사이에 개입하고 있는 Wurmbrand의 vP 구조인 (50a)는 재구조화 현상에 있어서 수의적인 구조라고 할 수 있으나, 본서에서의 (50a)는 반드시 재구조화 현상이 나타나야만 하는 구조라는 차이점이 있다. 그러므로 재구조화 현상은 vP 구조에 있어서 수의적인 현상이 아닌, (50a)와 같은 통사구조인지, (50b)와 같은 통사구조인지에 따라 재구조화 현상의 유무가 결정된다.

이상과 같이, 재구조화 현상이 나타나는 「아/어」표시문에 대해서는 (50a)와 같은 구조를 설정하고, 재구조화 현상이 나타나지 않는 「고」표시문에 대해서는 (50b)와 같은 구조를 설정함으로써, 재구조화 현상의 유무는 복문이라는 동일한 초기구조에 나타나는 내부구조의 차이로 환원할 수 있는 현상이라고 할 수 있다.

5.6. 결론

본 장에서는 한국어의 「아/어」표시문과 「고」표시문은 초기구조에 있어서 같은 복문이기는 하지만, 각각의 내부구조의 차이로 인해, 「아/어」표시문에서는 재구조화 현상이 나타나고, 「고」표시문에서는 재구조화 현상이 나타나지 않는다고 주장했다.

이와 같은 주장을 위해서 「아/어」표시문에는 재구조화 현상이 나타나지만, 「고」표시문에서는 재구조화 현상이 나타나지 않는다는 가설 (3)을 제시하고, 대용표현 현상, 존경어법 현상, 수도화 현상, NPI와 Neg의 분포 현상, 「만」과 Neg의 스코프 현상, 단일어화 현상을 통해 그 타당성을 검증했다. 또한, 한국어의 「아/어」표시문에는 재구조화 현상이 나타나고 「고」표시문에는 재구조화 현상이 나타나지 않는다는 사실로부터, 「아/어」표시문과 「고」표시문의 통사구조를 각각 (51a), (51b)와 같이 제안했다.

(51)

a. 「아/어」표시문의 통사구조　　　　　　　　　　　　　　(=(50))

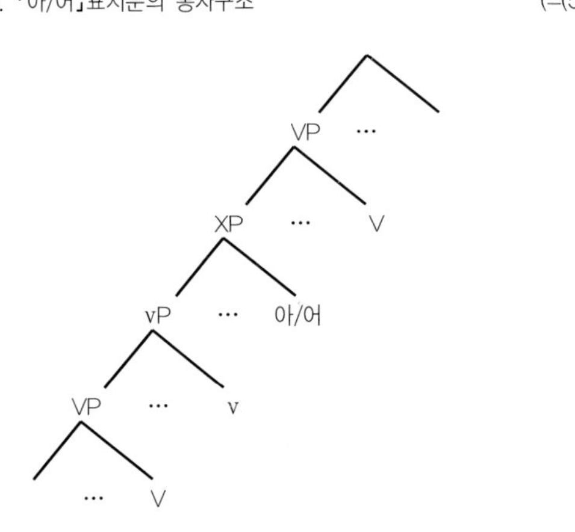

b. 「고」표시문의 통사구조

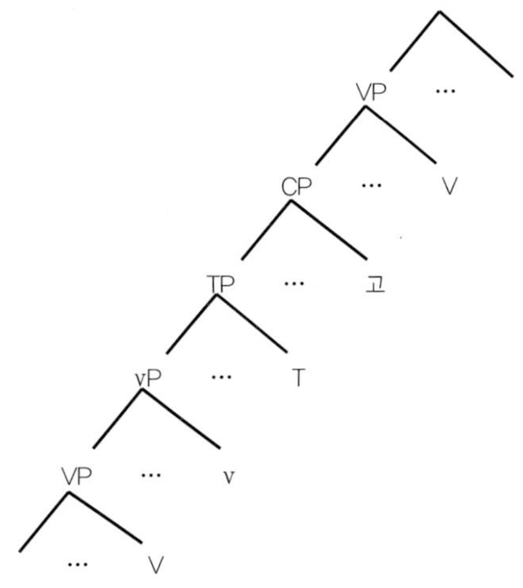

(51a)의 **XP** 핵과 (51b)의 **CP** 핵은 재구조화 현상의 유무에 대해서 형태적으로 고정되어 있는 요소의 위치를 보여 주고 있다.

이와 같은 「아/어」표시문과 「고」표시문에 대한 (51a)와 (51b)와 같은 서로 다른 두 개의 통사구조는 5.1.절에서 명시한 (1a)와 (1b)와 같이 확장시킴으로써, 재구조화 현상의 유무와 관련하여 설명하고 있는 본서의 3장, 4장의 「V – 시작하다」문, 「V – 어 – 보조동사」문, 「V – 고 – 보조동사」문, 그리고 PE문에도 적용시켜 설명할 수 있을 것이다.[76]

---

76) 이들 문을 적용시킨 구조는 일본어의 경우와 관련지으면서 다음 6장에서 명시하고 있다.

제6장

종장

본서에서는 크게 두 가지 사실을 명시했다. 첫째는 재구조화 현상이 일한 양 언어에 있어서도 넓은 범위에서 경험적으로 관찰된다는 사실이고, 둘째는 재구조화 현상의 유무는 통사구조의 차이에 의해 설명할 수 있다는 사실이다.

재구조화 현상의 유무가 통사구조의 차이에 기인하고 있다는 사실을 제안하기 위해 제시한 근거는 한국어의 「아/어」표시문과 「고」표시문이 보여 주고 있는 대비되는 제반 현상이다.

이와 같은 본서의 두 가지 목적은 구체적으로 다음과 같은 수순을 밟으면서 명시했다.

제2장에서는 지금까지 재구조화 현상이 어떠한 입장에서 연구되어 왔는지를, 그리고 이들 연구들 속에 어떠한 문제가 나타났는가를 개관하면서, 많은 선행연구들이 인정하고 있는 재구조화 현상에 대한 수의성의 문제를 지적하고, 본서에서는 재구조화 현상에 대한 수의성을 인정하지 않는 입장을 취하는 재구조화 현상의 유무는 초기구조에서 재구조화 현상이 나타나는 구조와 재구조화 현상이 나타나지 않는 구조에 의한 것임을 본서에서 제안해 나갈 것을 명시했다.

제3장에서는 일한 양 언어의 어스펙트문을 다루어(특히 일본어의 「V－始める(hazimeru)」)문과 한국어의 「V－시작하다」문을 중심으

로), 일한 양 언어의 어스펙트 동사문에도 재구조화 현상이 나타난다는 사실을 경험적으로 명시했다. 이들 사실을 보여 주기 위해서 제시한 증거는 수동화 현상, 존경어법 현상, NPI와 Neg의 분포 현상, 「だけ(dake)」와 Neg의 스코프 현상, 「만」과 Neg의 스코프 현상이다. 또한 한국어의 「V－기－시작하다」문과 「V－기－를－시작하다」문이 보여 주고 있는 여러 대비되는 현상들로부터 내포절이 대격에 의해 표시되는 경우에는 재구조화 현상이 나타나지 않는다는 사실을 관찰하여, 「대격」제약을 제시했다.

(1) 「대격」제약
대격에 의해 내포절이 표시되는 복문에는 재구조화 현상이 나타나지 않는다.

제4장에서는 일본어의 「V－て(te)－보조동사」문과 이에 대응하는 한국어의 「V－아/어－보조동사」문에 있어서도 재구조화 현상이 나타나는 사실을 명시했다. 특히, 일본어의 「Vてみる(temiru)」문, 「Vてしまう(tesimau)」문, 「Vている(teiru)」문에 나타나는 재구조화 현상을 관찰했으며, 또한 이들 문이 보여 주는 자료로부터 내포절의 동사 뒤에 Neg가 오면 재구조화 현상은 나타나지 않는다는 사실을 관찰하여 「＋Neg」제약을 제시했다.

(2) 「＋Neg」제약
Neg가 내포절에 나타나면, 재구조화 현상은 나타나지 않는다.

 단문과 복문에 관한 문법론

재구조화 현상과 「+Neg」제약을 보여 주는 증거로 제시한 현상은 존경어법 현상, 「+Neg」의 분포 현상, 대용표현 현상, NPI와 Neg의 분포 현상, 「だけ(dake)」와 Neg의 스코프 현상, 「만」과 Neg의 스코프 현상, 그리고 「しか(sika)〜Neg」 현상이다.

제5장에서는 한국어의 「아/어」표시문(「V‐아/어‐보조동사」문)과 「고」표시문(「V‐고‐보조동사」문)이 보여 주는 여러 사실들로부터 재구조화 현상의 유무는 서로 다른 통사구조의 차이에 의해 설명할 수 있음을 제안했다. 구체적으로는 한국어의 「아/어」표시문에는 재구조화 현상이 나타나지만, 「고」표시문에는 재구조화 현상이 나타나지 않는다는 사실을 명시하고, Wurmbrand(2001)를 원용함으로써, 아래 (3)과 같은 「아/어」표시문의 통사구조와 「고」표시문의 통사구조를 제시했다. 한국어의 「아/어」표시문에는 재구조화 현상이 나타나지만, 「고」표시문에서는 재구조화 현상이 나타나지 않는다는 사실을 보여 주기 위해 제시한 증거는 대용표현 현상, 존경어법 현상, 수동화 현상, NPI와 Neg의 분포 현상, 「만」과 Neg의 스코프 현상, 단일어화 현상이다.

(3)

a. 「아/어」표시문의 통사구조

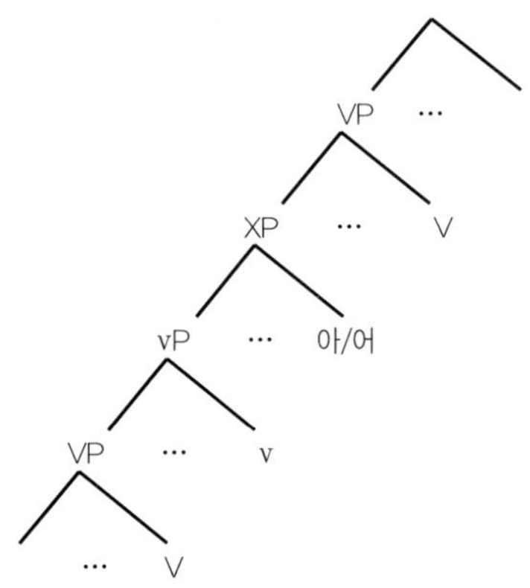

b. 「고」표시문의 통사구조

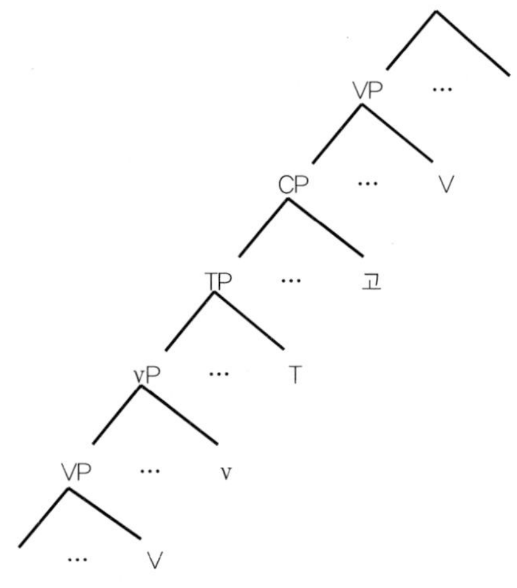

　　이와 같이 제시한 (3a)의 「아/어」표시문의 통사구조와 (3b)의 「고」
표시문의 통사구조는 재구조화 현상의 유무와 관련한 3장의 「V-

시작하다」문과 5장의 **PE**문에도 확장할 수 있다.

(4)

a. 재구조화현상이 나타나는 통사구조

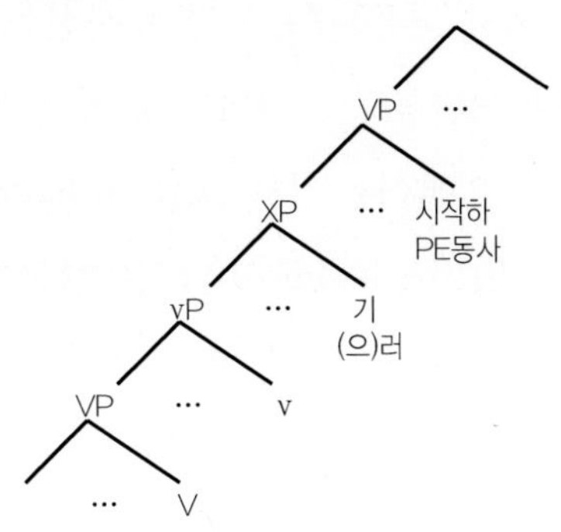

b. 재구조화현상이 나타나지 않는 통사구조

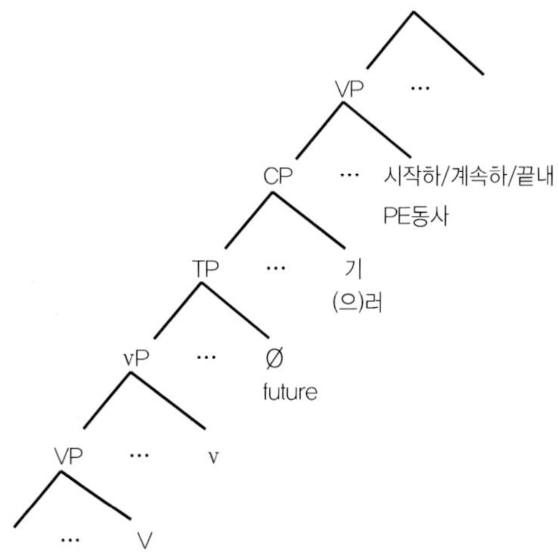

이와 같은 본서의 주장은 일본어에 있어서 다음과 같은 가능성

을 열어 놓는다.

본서의 제3장에서 명시한 한국어의 「V－시작하다」문은 표면적으로는 「V－기－시작하다」문과 「V－기－를－시작하다」문이라는 두 가지 형식으로 나타나고, 시간 부사의 개재 여부 현상을 통해 살펴보면, 양자는 서로 다른 구문이라는 사실을 알 수 있다. 한편, 이와 같은 두 개의 표면형으로 나타나고 있는 「V－시작하다」문과 대응하여 나타나는 일본어는 「V－始める(hazimeru)」라는 하나의 표면형이지만, 「V－始める(hazimeru)」문은 한국어의 「V－기－시작하다」문이 보여 주는 단문현상과 「V－기－를－시작하다」문이 보여 주는 복문현상 모두를 보여 주고 있다. 그러므로 표면상 하나의 형식으로 나타나고 있는 일본어의 「V－始める(hazimeru)」문은 재구조화 현상이 나타나는 「V－기－시작하다」문과 재구조화 현상이 나타나지 않는 「V－기－를－시작하다」문 각각에 대응하는 초기구조를 갖고 있는 두 개의 「V－始める(hazimeru)」문을 생각할 수 있게 한다.

이와 같은 가능성을 보다 높여 주는 사실은 본서의 제4장에서 명시한 표면적으로는 하나의 형식으로 나타나고 있는 일본어의 「Vてみる(temiru)」문과 이에 대응하는 한국어가 「V－아/어－보다」문, 「V－고－보다」문이라는 두 개의 형식으로 나타나고 있다는 점이다.

제5장에서 명시한 바와 같이, 한국어의 모든 「아/어」표시문에는 재구조화 현상이 나타나고, 「고」표시문에는 재구조화 현상이 나타나지 않는다고 생각할 수 있으므로, 「Vてみる(temiru)」문에서 재구조화 현상이 나타나는 경우와 나타나지 않는 경우를 관찰할 수 있다는 사실은 「Vてみる(temiru)」문은 초기구조에 있어서 재구조화

 단문과 복문에 관한 문법론

현상이 나타나는 한국어의 「V – 아/어 – 보다」문과 같은 통사구조와 재구조화 현상이 나타나지 않는 「V – 고 – 보다」문과 같은 통사구조를 갖는다는 가능성을 열어 준다.

이상과 같은 가능성은 한국어와의 비교고찰로부터 알 수 있다는 본서의 일관된 고찰 배경을 반영한 것이며, 만약에 이와 같은 가능성이 바른 길로 가고 있다면, 본서에서 다룬 일본어와 한국어의 구조는 다음과 같이 명시할 수가 있다.

(5)

a. 재구조화현상이 나타나는 어스펙트문

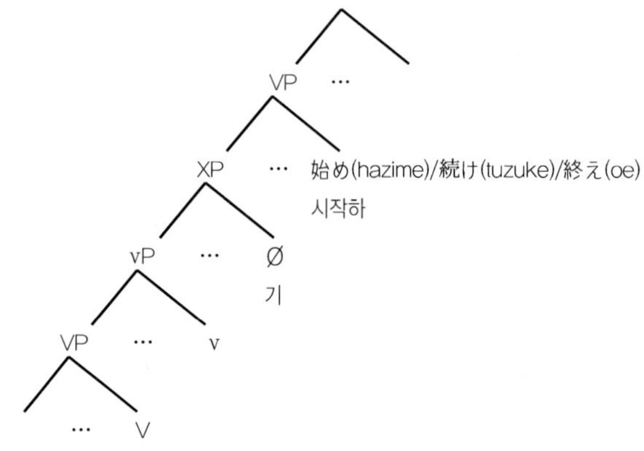

b. 재구조화현상이 나타나지 않는 어스펙트문

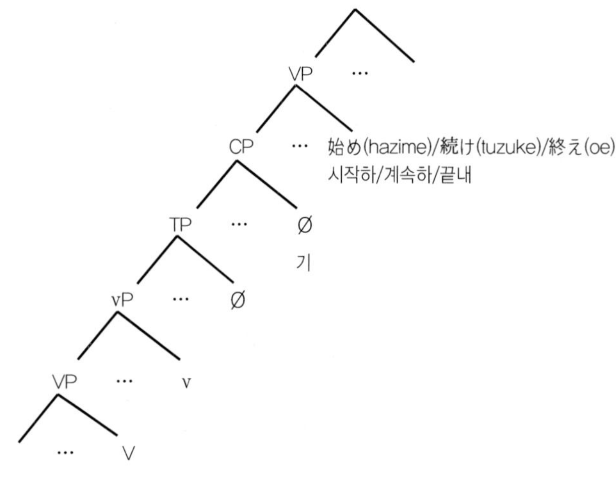

(6)

a. 재구조화현상이 나타나는 「V-て(te)-보조동사」문, 「V-아/어-보조동사」문

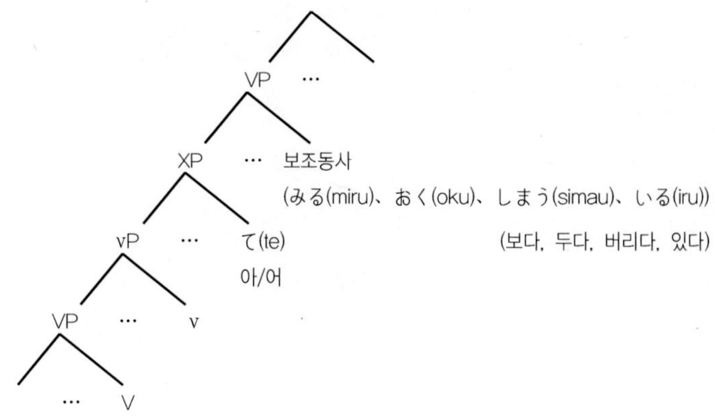

b. 재구조화현상이 나타나지 않는 「V-て(te)-보조동사」문, 「V-고-보조동사」문

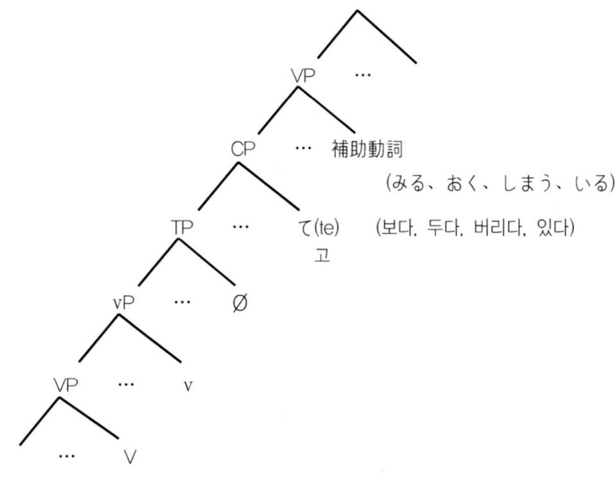

(7)

a. 재구조화현상이 나타나는 PE문

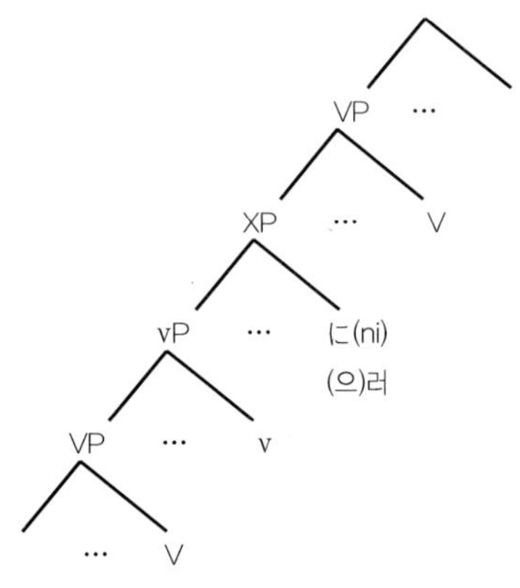

b. 재구조화현상이 나타나지 않는 PE문

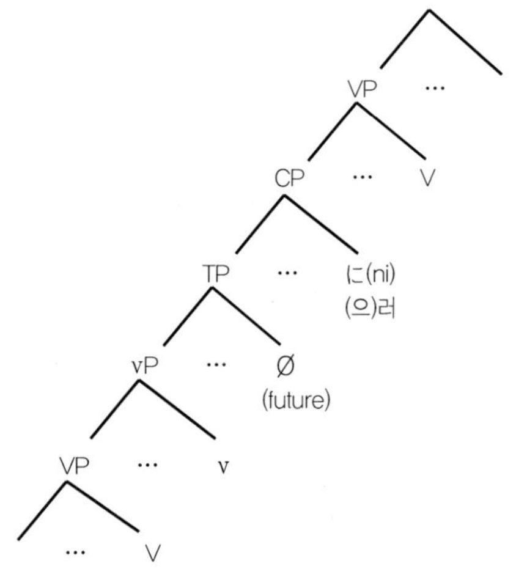

    그러나 일본어에 대한 이와 같은 가능성을 명시할 직접적인 증거는 본서에서는 제시할 수 없었다. 또한 한국어 자료와 Wurmbrand (2001)을 원용하여 제시한 재구조화 현상의 유무에 관한 통사구조

에 대해서도 독립적인 증거를 제시하지 못하였다. 이와 같은 부분
들은 앞으로 풀어 나가야만 하는 과제로 남는다.

【참고문헌】

井上和子(1976), 『変形文法と日本語(上・下)』, 大修館書店.

井上和子(1978), 『日本語の文法規則―日英對照―』, 大修館書店.

小川芳樹(1999), 「日本語アスペクト動詞の自動性・他動性」, 黑田成幸・中村捷(編), 『ことばの核と周緣』, くろしお, 201－243.

奧田靖雄(1989a), 「なかどめ―動詞の第一なかどめのばあい―」, 『ことばの科學2 言語學研究會論文集』, むぎ書房, 11－47.

奧田靖雄(1989b), 「なかどめ―動詞の第二なかどめのばあい―」, 『ことばの科學3 言語學研究會論文集』, むぎ書房, 163－179.

奧津敬一郎(1974), 『生成日本文法論』, 大修館書店.

奧野忠德・小川芳樹(2002), 『英語學モノグラフシリーズ9 極性と作用域』, 研究社.

岸本秀樹(2002), 「二重目的語構文」, 影山太郎(編), 『動詞の意味と構文』, 大修館書店, 100－127.

影山太郎(1987), 「モジュラー語形成論」, 『英語青年』133, 研究社, 314－318.

影山太郎(1993), 『文法と語形成』, くろしお.

金水敏(2000), 「時の表現」, 『日本語の文法2―時・否定と取りたて―』, 岩波書店, 3－92.

金田一春彦(1976), 「國語動詞の一分類」, 『日本語動詞のテンスとアスペクト』, むぎ書房, 5－26.

久野 暲(1973), 『日本文法研究』, 大修館書店.

久野 暲(1983), 『新日本文法研究』, 大修館書店.

熊本千明(1989), 「日・英語の分裂文について」, 『佐賀大學英文學研究』17, 佐賀大學, 11－34.

倉持保男(2000), 「補助動詞「(～て)シマウ」について」, 山田進・菊池康人・籾山洋介(編), 『日本語の意味と文法の風景』, ひつじ書房, 289－300.

佐藤ちゑ子(1981), 「日本語の分裂文」, 『現代の英語學』, 開拓社, 538－546.

柴谷方良(1978), 『日本語の分析』, 大修館書店.

柴谷方良・影山太朗・田守育啓(1982), 『言語の構造 ―理論と分析―』, くろしお.

杉本　武(1991), 「「てしまう」におけるアスペクトとモダリティ」, 人文・社會科學(編), 『九州工業大學情報工學紀要』4, 九州工業大學, 109－125.

杉本　武(1992), 「「てしまう」におけるアスペクトとモダリティ(2)」, 人文・社會科學(編), 『九州工業大學情報工學紀要』5, 九州工業大學, 61－73.

鈴木英夫(2001), 「「～てしまう」の用法―アスペクト論に關連して―」, 『言語・文學研究論集』, 白百合女子大學, 3－17.

鈴木智美(1998), 「「～てしまう」の意味」, 『日本語教育』97, 48－59.

砂川有里子(2004), 「分裂文の構造と機能」, 『日本語における話しことばの文法研究―研究成果報告書―』, 筑波大學文芸・言語學系, 71－111.

高橋太郎(1969), 「すがたともくろみ」, 金田一春彦(編)(1976), 『日本語動詞のアスペクト』, むぎ書房, 119－153.

高見健一(1995), 『日英語の右方移動構文―その構造と機能―』, ひつじ書房, 149－165.

高見健一・久野暲(2002), 『日英語の自動詞構文』, 研究社出版.

竹澤幸一(2004), 「日本語複合述語における否定辭の位置と節構造」, 『日本語文法學會　第5回大會發表論文集』, 175－184.

寺村秀夫(1982), 『日本語のシンタクスと意味Ⅰ』, くろしお.

寺村秀夫(1984), 『日本語のシンタクスと意味Ⅱ』, くろしお.

成田徹男(1983), 「動詞の「て」形の副詞的用法―「様態動詞」を中心に―」, 渡辺實(編), 『副用語の研究』, 明治書院, 137－158.

西川眞理子(1995), 「日本語の評価的モダリティ助動詞―「てくれる」・「てしまう」・「てやる」―」, 大學教養學部(編), 『甲子園大學紀要A』 23, 61－67.

仁田義雄(1995), 「シテ形接續をめぐって」, 『複文の研究(上)』, くろしお, 87－126.

沼田喜子(1986), 「とりたて詞」, 奧津敬一郎・沼田喜子・杉本武(編), 『いわゆる日本語助詞の研究』, 凡人社, 105－225.

野田尙史(1996), 『「は」と「が」』, くろしお.

朴 塘一(2005), 「「V1－始める」文の構造と意味解釋」, 『Kansai Linguistic Society(KLS)』 25, 184－193.

朴 塘一(2007), 「韓國語の「V－eo/a－beorida」文、「V－go－malda」文と「Vてしまう」文の意味解釋と統語構造」, 『Kansai Linguistic Society (KLS)』 27, 120－129.

橋本進吉(1969), 『助詞・助動詞の研究』, 岩波書店.

姫野昌子(1999), 『複合動詞の構造と意味用法』, ひつじ書房.

藤井由美(1992), 「「てしまう」の意味」, 『ことばの科學5言語學研究會論文集』, むぎ書房, 17－40.

松本 曜(1998), 「日本語の語彙的複合動詞における動詞の組み合わせ」, 『言語研究』 114, 37－83.

三上 章(1972), 『現代語法序説』, くろしお.

三原健一(1997), 「動詞のアスペクト構造」, 『日英語比較選書7 ヴォイスとアスペクト』, 研究社, 108－196.

三原健一(2004), 『アスペクト解釋と統語現象』, 松柏社.

三宅知宏(1996), 「日本語の移動動詞の對格標示について」, 『言語研究』 110, 143－168.

文部省國語調査委員會(1986), 『口語法調査報告書(上・下)』, 國書刊行會.

森山卓郎(1988), 『日本語動詞述語文の研究』, 明治書院.

山田小枝(1997), 『否定對極表現』, 多賀出版.

吉川武時(1976), 「現代日本語動詞のアスペクト研究」, 金田一春彦(編), 『日本語動詞のアスペクト』, むぎ書房, 157－327.

鷲尾龍一(1994), 「タミル語および日本語における動詞の移動について」,

『言語文化論集』 38, 筑波大學現代語・現代文化學系, 365 - 379.

鷲尾龍一・三原健一(1997), 『ヴォイスとアスペクト』, 研究社出版.

강현화(1995), 『동사 연결 구성의 다단계성에 관한 연구—'V어 V'구조를 중심으로—』, 연세대학교 박사학위논문.

권재일(1985), 『국어의 복합문 구성 연구』, 집문당.

김기혁(1987), 『국어 보조 동사 연구』, 연세대학교 박사학위논문.

김승곤(1977), 「연결어미 '-고'에 대하여」, 『학술지』 21, 65 - 94.

김영희(1993), 「의존동사 구문의 통사적 표상」, 『국어학』 23, 159 - 190.

김영희(2000), 「보족절의 투명성과 불투명성」, 『한글』 250, 157 - 188.

김종복(2004), 『한국어 구구조문법』, 한국문화사.

김창섭(1994), 『국어의 단어형성과 단어구조』, 서울대학교 박사학위논문.

남기심(1994), 『국어 연결어미의 쓰임』, 서광학술자료사.

남기심・고영근(1987), 『표준국어문법론』, 탑출판사.

박선옥(2002), 『국어 보조동사 연구』, 중앙대학교 박사학위논문.

박승윤(1984), 「'시작하다' 동사의 타동성 예외」, 『언어』 9, 279 - 303.

박용일(2005), 「『V-始める/V-시작하다』구문의 의미해석에 대해서」, 『한국일어일문학연구』 53, 145 - 162.

박용일(2006), 「격조사「に」와「だけ」의 승접현상과 그 의미, 기능에 대해서」, 『일본어학연구』 15, 61 - 80.

박형달(1976), 「현대 한국어의 보조동사 연구」, 『언어학』 1, 43 - 72.

서정수(1975), 『동사 "하-"의 문법』, 형설출판사.

서승현(2002), 『국어의 형태・통사적 구성에 관한 연구』, 보고사.

손세모돌(1996), 『국어 보조용언 연구』, 한국문화사.

시정곤(1997a), 「국어의 부정극어 허가 조건」, 『언어』 22, 471 - 497.

시정곤(1997b), 「국어의 부정극어에 대한 연구」, 『국어국문학』 119, 49 - 78.

시정곤・고광주・유혜원・김미령(2000), 『논항구조란 무엇인가』, 월인.

안명철(1990), 「보조동사」, 『국어연구 어디까지 왔나』, 동아출판사, 319 - 330.

엄종호(1989), 『종결어미와 보조동사의 통합 구문에 대한 연구』, 성균관대학교 박사학위논문.

임동훈(2000), 『한국어 어미 '시'의 문법』, 태학사.

이선웅(1995), 「현대국어의 보조요언 연구」, 『국어연구』 133, 1 - 126.

이선희(1993), 「한국어 복합술어 구문에 대하여」, 『말』 18, 119 - 149.

이시형(1991), 『국어의 연결어미 '-어' '-고'에 관한 연구』, 서강대학교 박사학위논문.

이은경(1998), 「접속어미의 통사」, 『문법연구와 자료』, 태학사, 465 - 516.

이해영(1992), 「'보조동사구문'의 통사적 특성」, 『국어국문학』 108, 187 - 208.

이관규(1998), 「보조동사의 논항 구조」, 『국어교육』 96, 273 - 296.

임홍빈(1987), 『국어의 재귀사 연구』, 신구문화사.

양동휘(1989), 「Pragmantax of Conjunction in Korean」, 『국어학』 6, 국어학회.

양명희(1998), 『현대국어 대용어에 대한 연구』, 태학사.

양정석(1991), 「재구조화를 특징으로 하는 문장들」, 『동방학지』 71 - 72, 283 - 320.

양정석(2005), 『한국어 통사구조론』, 한국문화사.

유동석(1995), 『국어의 매개변인 문법』, 신구문화사.

정희정(1990), 「연결어미 '-어', '-아서'에 대하여」, 『연세어문학』 22, 101 - 124.

차현실(1984), 「'싶다'의 의미와 통사 구조」, 『언어』 9 - 2, 305 - 326.

최기용(2003), 「한국어와 핵 이동: 종결형을 중심으로」, 『생성문법연구』 13, 119 - 142.

최재희(1989), 『국어 접속문의 구성에 관한 연구』, 성균관대학교 박사학위논문.

최재희(1996), 「국어의 조동사 구문의 통사론—'싶다', '보다', '하다'를 중심으로—」, 『한글』 232, 183 - 209.

최현배(1961), 『우리말본』, 정음사.

호광수(2003), 『국어 보조용언 구성 연구』, 역락.

황병순(1986), 「'-아'와 '-고'의 기능에 대하여」, 『국어학 신연구 I 』, 탑출판사, 114 - 132.

황병순(1987), 『국어의 상표시 복합동사 연구』, 영남대학교 박사학위논문.

홍종선(1993), 「국어 대용언 연구」, 『국어국문학』 109, 83 - 101.

Ahn, H. D.(1991) *Light Verbs, VP - Movement, Negation and Clausal Architecture in Korean and English,* Doctoral dissertation, University of Wisconsin.

Aissen, J.(1974) "Verb Raising", *Linguistic Inquiry 3,* 325 - 366.

Aissen, J. and D. M. Perlmutter(1976) "Clause Reduction in Spanish", In H. Thompson, K. Whistler, V. Edge, J. Jaeger, R. Javkin, M. Petruck, C. Smeall and R. D. Van Valin Jr(eds.), *Proceedings of the Second Annual Meeting of the Berkeley Linguistic Society(BLS2),* Berkeley Linguistic Society, 1 - 30.

Aoyagi, H.(1998) *On the Nature of Particles in Japanese and Its Theoretical Implications,* Doctoral dissertation, University of Southern Califonia.

Baker, M.(1988) *Incorporations: A Theory of Grammatical Function Changing,* Chicago University Press.

Baker, M.(1989) "Object Sharing and Projection in Serial Verb Construction", *Linguistic Inquiry 20,* 513 - 553.

Bech, G.(1955) *Studien Zum Deutschen Verbun Infinitum,* Max Niemeyer Verlag.

Burzio, L.(1986) "Restructuring Constructions", *Italian Syntax: A Government - Binding Approach,* D. Reidel, 322 - 394.

Cardinaletti, A.(2004) "Clitic Positions and Restructuring in Italian", *Linguistic Inquiry 35,* 519 - 557.

Carnap, R.(1947) *Meaning and Necessity: A Study in Semantics and Modal Logic,* Chicago University Press.

Choe, H. S.(1988a) *Restructuring Parameters and Complex Predicates: A Transfor - mational Approach,* Doctoral dissertation, MIT.

Choe, H. S.(1988b) "Restructuring in Korean", 어학연구 24 - 4, 서울대 학 연구소, 505 - 538.

Chomsky, N.(1965) *Aspects of the Theory of Syntax,* MIT Press.

Chomsky, N.(1980) *Rules and Representations,* Columbia University Press.

Chomsky, N.(1981) *Lectures on Government and Binding,* Foris.

Chomsky, N.(1995) *The Minimalist Program,* MIT Press.

Chomsky, N.(2005) "Three Factors in Language Design", *Linguistic Inquiry 36,* 1 – 22.

Cinque, G.(2000) *'Restructuring' and Functional Structure,* Mass, University of Venice.

Collins, C.(1997) "Argument Sharing in Serial Verb Constructions", *Linguistic Inquiry 28,* 461 – 497.

Emonds, J. E.(1976) *A Transformational Approach to English Syntax,* Academic Press.

Evers, A.(1975) *The Transformational Cycle of Dutch and German,* Doctoral dissertation, University of Utrecht.

Fukuchi, H.(1982) "Restructuring and a Concept of Syntactic Transformation", *Gengo Kenkyu 82,* 65 – 90.

Goodall, G.(1987) "Restructuring", *Parallel Structures in Syntax,* Cambridge University Press, 139 – 164.

Grimshaw, J.(1990) *Argument Sturcture,* MIT Press.

Haegeman, L. and R. Zanuttini(1991) "Negative Heads and the Neg Criterion", *The Linguistic Review 8,* 233 – 251.

Hasegawa, Y.(1992) *Syntax, Semantics, and Pragmatics of TE – Linkage in Japanese,* Doctoral dissertation, University of Berkeley.

Hiraiwa, K.(2005) *Dimensions of Symmetry in Syntax: Agreement and Clausal Architecture,* Doctoral dissertation, MIT.

Huang, C. T. James.(1992) "Complex Predicates in Control", In R. K. Larson, S. Latridou, U. Lahiri and J. Higginbotham(eds.), *Control and Grammar,* Kluwer, 109 – 147.

Jackendoff, R.(1972) *Semantic Interpretation in Generative Grammar,* MIT Press.

Kaga, N.(2001) "Thematic Constraints on the Dative Alternation in English", *Tsukuba Eigakutenbou 18,* 55 – 70.

Kato, Y.(1985) *Negative Sentences in Japanese, Sophia Linguistica 19,* Monograph Sophia University.

Kitagawa, Y.(1994) *Subjects in Japanese and English,* Garland.

Koizumi, M.(1995) *Phrase Structure in Minimalist Syntax,* Doctoral dissertation, MIT.

Kuno, S.(1973) *The Structure of the Japanese Language,* MIT Press.

Kuno, S.(1976) "Subject raising", In M. Shibatani(ed.), *Syntax and Semantics 5: Japanese Generative Grammar,* Academic Press, 17 – 49.

Kuno, S.(1995) "Negative Polarity Items in Japanese and English", *Harvard Working Paper in Linguistics,* 165 – 197.

Kuno, S.(2004) "Negative Polarity Items in Korean and English", In Y. K. Kim and J. B. Whitman(eds.), *Studies in Korean Syntax and Semantics by Susumu Kuno,* Bakijeong Press, 139 – 178.

Kuroda, S.(1979) *Generative Grammatical Studies in the Japanese Language,* Garland.

Ladusaw, W.(1992) "Expressing Negation", In Baker, C. L. and D. Dowty(eds.), *Proceedings of the Second Conference on Semantics and Linguistic Theory,* Columbus, 237 – 259.

Larson, K.(1988) "On the Double Object Construction", *Linguistic Inquiry 19,* 335 – 391.

Larson, K.(1992) "Editors' Introduction", In S. Iatridou, U. Lahiri and J. Higginbotham(eds.), *Control and Grammar,* Kluwer, vii – xviii.

Manzini, R.(1983) *Restructuring and Reanalysis,* Doctoral dissertation, MIT.

Manzini, R. and K. Wexler(1987) "Parameters, Binding Theory and Learnability", *Linguistic Inquiry 18,* 413 – 444.

Matsumoto, Y.(1996) *Complex Predicates in Japanese: A Syntactic and Semantic Study of the Notion 'word',* Kurosio.

McCawley, J. and K. Momoi(1986) "The Constituent Structure of – te Complements", *Papers in Japanese Linguistics 11,* 1 – 60.

Mihara, K.(1987) "Argument Structure and Complex Predicate in Japanese", *Gengokenkyu 92,* 56 – 75.

Miyagawa, S.(1986) "Restructuring in Japanese", In T. Imai and M. Saito(eds.), *Issues in Japanese Linguistics,* Foris, 273 – 300.

Muraki, M.(1978) "The Sika Nai Construction and Predicate Restructuring",

In J. Hinds and H. I. Hawards(eds.), *Problems in Japanese Syntax and Semantics,* Kaitakusha, 155 − 177.

Nagai, N.(1991) "Complex Passives and Major Subjects in Japanese", *Linguistics 29,* 1053 − 1092.

Nakau, M.(1973) *Sentential Complementation in Japanese,* Kaitakusha.

Nishigauchi, T.(1993) "Long Distance Passive", In N. Hasegawa(ed.), *Japanese Syntax in Comparative Grammar,* Kurosio, 79 − 114.

Nishiyama, K.(1998) "V − V Compounds as Serialization", *Journal of East Asian Linguistics 7,* 175 − 217.

Perlmutter, D. M.(1970) "The Two Verbs Begin", In R. A. Jacob and P. S. Rosenbaum(eds.), *In Reading in English Transformational Grammar,* Ginn, 107 − 119.

Pollock, J. Y.(1989) "Verb Movement, Universal Grammar, and the Structure of IP", *Linguistic Inquiry 20,* 365 − 424.

Radford, A.(1988) *Transformational Grammar: A First Course,* Cambridge University Press.

Rizzi, L.(1976) "Ristrutturazione", *Rivista di Grammatica Generativa1,* 1 − 54.

Rizzi, L.(1978) "A Restructuring Rule in Italian Syntax", In S. J. Keyser(ed.), *Recent Transformational Studies in European Languages,* MIT Press, 113 − 158.

Rizzi, L.(1982) *Issues in Italian Syntax,* Foris.

Roberts, I.(1997) "Restructuring, Head Movement and Locality", *Linguistic Inquiry 28,* 423 − 460.

Sebba, M.(1987) *The Syntax of Serial Verbs,* J. Benjamins.

Shibatani, M.(1973) *"Where Morphology and Syntax Clash: A Case in Japanese Aspectual Verbs",* Gengo Kenkyu 64, 65 − 96.

Smith, C.(1991) *The Parameter of Aspect,* Kluwer.

Sportiche, D.(1988) "A Theory of Floating Quantifiers", *Linguistic Inquiry 19,* 425 − 449.

Uda, C.(1994) *Complex Predicates in Japanese,* Garland.

Vendler, Z.(1967) *Linguistics in Philosophy,* Cornell University Press.

Washio, R.(1997) Resultatives, Compositionality and Language Variation, *Journal of East Asian Linguistic6*, 1 – 49.

Williams, E.(1980) "Predication", *Linguistic Inquiry 11*, 203 – 238.

Wurmbrand, S.(2001) *Infinitives: Restructuring and Clause Structure*, In H. V. Riemsdijk(ed.), *Studies in Generative Grammar 55*, Mouton de Gruyter.

Wurmbrand, S.(2004) "Two Types of Restructuring – Lexical vs. Functional – ", *Lingua 114*, 991 – 1014.

Yoon, J. M.(1998) "A Critical Survey of GB/Minimalist Research on Case and A – Chains in Korean", *Language Research 34*, 73 – 126.

박용일

▌약 력

한국외국어대학교 일본어과 졸업
동대학교 대학원 일어일문학과 일본어학 전공 문학석사
츠쿠바대학교 대학원 응용언어학영역 언어학박사 취득

이바라키대학교 조선어 강사 역임
현) 명지대학교, 숭실대학교, 이화여자대학교, 한국외국어대학교 강사
학술진흥재단 Post-Doc 과정 수행 중

▌주요논문

- 「V-始める/V-시작하다」구문의 의미해석에 대해서
- 격조사 「に」와 「だけ」의 승접현상과 그 의미, 기능에 대해서
- 「Vてしまう」문에 나타나는 재구조화현상과 부정어 제약
- 「Vている」문의 통사구조와 문법현상
- 일본어의 「Vてやる」문과 한국어의 「V어 주다」문에 나타나는 재구조화 현상
- 효과적인 일본어 교육을 위한 일본어의 문 형성에 대한 가정-「な」형용사문과 「동명사-する」문을 예로-
외 10편

복문과 단문에 관한 문법론

초판인쇄 | 2009년 11월 30일
초판발행 | 2009년 11월 30일

지은이 | 박용일
펴낸이 | 채종준
펴낸곳 | 한국학술정보㈜
주 소 | 경기도 파주시 교하읍 문발리 파주출판문화정보산업단지 513-5
전 화 | 031) 908-3181(대표)
팩 스 | 031) 908-3189
홈페이지 | http://www.kstudy.com
E-mail | 출판사업부 publish@kstudy.com
등 록 | 제일산-115호(2000. 6. 19)

ISBN   978-89-268-0547-3 93730 (Paper Book)
        978-89-268-0548-0 98730 (e-Book)

내일을여는지식 은 시대와 시대의 지식을 이어 갑니다.